भारत

vs

पाकिस्तान

भारत

vs

पाकिस्तान

हम क्यों दोस्त नहीं हो सकते?

हुसैन हक़्क़ानी

अनुवाद

सुशील चंद्र तिवारी

juggernaut

जगरनॉट बुक्स

केएस हाउस, 118 शाहपुर जाट, नई दिल्ली 110049

प्रथम प्रकाशन: जगरनॉट बुक्स 2017

ISBN 9789386228147

टाइपसेट: एपीग्राफ़िक्स एंटरप्राइज़

मुद्रक:: मणिपाल टेक्नोलॉजीज़ लिमिटेड

अनुक्रम

1

‘हम या तो पक्के दोस्त बन सकते हैं या फिर जानी दुश्मन’

पाकिस्तान बनने के महज सात महीने के भीतर पाकिस्तान के संस्थापक मुहम्मद अली जिन्ना और इस नए मुल्क के अमेरिकी राजदूत पॉल एलिंग कराची से कुछ मील की दूरी पर अरब सागर के किनारे एक बीच कॉटेज पर चाय की चुस्कियों के लिए मिले। समुद्र के किनारे गुनगुनी धूप में टहलते समय जिन्ना ने अपने जज़्बात बयान करते हुए कहा कि, 'उनके लिए इससे बढ़कर कोई खुशी की बात नहीं हो सकती थी कि हिंदुस्तान और पाकिस्तान के बीच करीबी रिश्ते हों। जिन्ना ने कहा कि उनकी यही इच्छा थी कि भारत और पाकिस्तान के बीच वैसा ही सहयोग रहे जैसा अमेरिका और कनाडा के बीच रहता है।' पॉल एलिंग ने वाशिंगटन भेजे गए अपने डिप्लोमेटिक टेलीग्राम में लिखा कि जिन्ना ने पाकिस्तान की भारत के साथ 'सैन्य स्तर पर ऐसी रक्षात्मक साझेदारी' की चर्चा की जिसकी कोई तय सीमा नहीं थी। ये उसी तरह की साझेदारी होती जैसी कि अमेरिका और कनाडा के बीच थी, जिसमें दोनों पड़ोसियों के बीच मोटे तौर पर बिना पहरे वाली सीमा होती, साझा सैन्यबल होता, मुक्त व्यापार होता और तमाम रास्तों के ज़रिए एक दूसरे के इलाके में दाखिल होने की आज़ादी होती।[1]

ब्रिटिश भारत से निकले इन दोनों स्वतंत्र उपनिवेशों के बीच दोस्ताना रिश्तों के अपने वादे की हिफाज़त जिन्ना ने लगातार मरते दम तक की। उन्हें बंटवारे के दौरान होने वाली हिंसा का अंदाज़ा नहीं था, जिसको ऑल

इंडिया मुस्लिम लीग, हिंदू महासभा और अकाली दल की बयानबाज़ियों ने भड़काया था। अपने करियर की शुरुआती दौर में 1917 के दौरान ही उन्हें सरोजिनी नायडू ने 'हिंदू-मुस्लिम एकता का दूत' कहा था।

पाकिस्तान की स्थापना का उनका फैसला सांप्रदायिक आधार पर नहीं हुआ था, कम से कम उनका यही कहना था। एक राजनेता और एक वकील के तौर पर जिन्ना मुद्दों पर विचार करने के दौरान शांत, संयत और तटस्थ भाव रखने के लिए जाने जाते थे। एक बार जब उन्होंने द्विराष्ट्र सिद्धांत को स्वीकार कर लिया (वो विचार जिसके मुताबिक भारत के मुसलमान अपने धर्म, संस्कृति और ऐतिहासिक प्रभावों के चलते हिंदुओं से अलग एक स्वतंत्र राष्ट्र हैं) तो फिर जिन्ना ने अपनी अदम्य इच्छाशक्ति से पाकिस्तान को अस्तित्व में लाने का करिश्मा कर दिया।[2] जैसा कि उनके जीवनीकार स्टेनली वोलपर्ट ने लिखा है:

बहुत कम ऐसे इंसान होते हैं जो इतिहास का रुख बड़े अहम अंदाज़ में बदल देते हैं। बेहद चुनिंदा लोग ही दुनिया के नक्शे में तब्दीली ला पाते हैं। कभी कभार ही किसी को एक देश बनाने का श्रेय दिया जा सकता है। मुहम्मद अली जिन्ना ने ये तीनों काम कर दिखाए।[3]

सांप्रदायिक रस्साकशी के बीच जब जिन्ना पाकिस्तान की स्थापना करने में कामयाब हो गए तो उन्हें एहसास हुआ कि यह हमेशा के लिए धार्मिक तनाव से जूझता हुआ देश बनकर नहीं रह सकता। उन्होंने

पाकिस्तान को धार्मिक राष्ट्र बनाने की बजाय धर्मनिपरेक्षता को इसके लिए उपयुक्त माना।

जिन्ना इस बात के लिए भी इच्छुक थे कि भारत और पाकिस्तान लगातार एक दूसरे के खिलाफ लड़ते न रहें। इसीलिए उन्होंने रिश्तों के कनाडा और अमेरिका जैसे होने की ख्वाहिश का एलान किया था। जिन्ना ऐसा ख्याल नहीं रखते थे कि पाकिस्तान और भारत के बीच हमेशा दुश्मनी रहे ये इस बात से भी बयां होता है कि उन्होंने पाकिस्तान के गवर्नर जनरल के पद से रिटायर होने के बाद मुंबई के अपने पैतृक घर पर लौटने की इच्छा भी जताई थी।

भारत के बापू, मोहनदास करमचंद गांधी भी दोनों देशों के बीच अच्छे संबंधों के लिए कोई कम उत्साहित नहीं थे, वो मानते थे कि नया देश 'दो भाइयों के बीच हुए सहमति से हुए बंटवारे' से पैदा हुआ था।[4] जिन्ना के ठीक उलट गांधी बंटवारे के सख्त विरोधी थे और उनका कहना था कि अलग-अलग मज़हब से अलग राष्ट्र नहीं बनते। लेकिन एक बार जब बंटवारा हो गया तो गांधी ने भारत और पाकिस्तान के एक दूसरे के 'चिरस्थायी दुश्मन' बन जाने के प्रति आगाह किया था। गांधी ने चेतावनी दी थी कि दोनों आज़ाद मुल्क़ों को 'दोस्त की तरह रहना होगा नहीं तो वो खत्म हो जाएंगे'।

69 वर्ष और चार युद्धों के बाद जिन्ना और गांधी के ख्वाब धुंधले पड़

गए हैं। जब दोनों देश एक दूसरे के खिलाफ सीधे तौर पर कोई गड़बड़ी नहीं करते हैं तब दोनों परमाणु शक्ति संपन्न देश एक दूसरे से शीत युद्ध में लगे रहते हैं। पिछले कई सालों से दोनों देशों के नेता मौके-बेमौके मुलाकात करते रहते हैं, आमतौर पर ये मुलाकातें किसी अंतरराष्ट्रीय बैठक के मौके पर होती है और इसमें आधिकारिक स्तर पर बातचीत को फिर से शुरू करने का ऐलान होता है। महज कुछ दिनों के भीतर भारत में एक आतंकवादी हमला होता है ज़िसके तार पाकिस्तान में मौजूद जिहादी गुटों से जुड़े होते हैं, यह आपसी बातचीत के इस माहौल को खत्म कर देता है, या फिर जम्मू-कश्मीर से लगी लाइन ऑफ कंट्रोल पर युद्धविराम के उल्लंघन के आरोप लगने लगते हैं।

दशकों तक पाकिस्तान ने भारत के ऊपर उसकी धरती पर नस्ली अलगाववाद को बढ़ावा देने के आरोप लगाए, जबकि भारत पाकिस्तान के ऊपर उसके इलाके में और दूसरी जगहों पर भी आतंकवाद को शह देने के इल्ज़ाम लगाता आया है। भारत और पाकिस्तान के बीच बातचीत अक्सर पटरी से उतर जाती है, और फिर बड़े जोर-शोर के साथ फिर शुरू होती है, सिर्फ़ तब तक के लिए जब तक आतंकवादी हमले, आरोप-प्रत्यारोप और बातचीत के रोकने और शुरू होने क़ा अगला दौर न आ जाए। भले ही इस लफ़्ज़ का इस्तेमाल हम न करना चाहें लेकिन ज़्यादातर पाकिस्तानी और भारतीय एक दूसरे को दुश्मन के तौर पर ही देखते हैं न

कि हालात के चलते जुदा हुए दो भाइयों के तौर पर।

ब्रिटिश भारत के विभाजन से पैदा हुए ये दोनों देश एक दूसरे के साथ परस्पर सौहार्द के साथ अभी भी रहने में सक्षम हैं लेकिन इसके आसार बड़े कम नज़र आते हैं, कम से कम इस वक्त। सात दशकों के अलगाव ने कई मुद्दे पैदा और ऐसा माहौल पैदा किया है कि बहुत से लोगों के लिए शायद बीती हुई सदियों की एकता को याद करना भी मुश्किल हो गया है। लेकिन आखिर ये दुश्मनी क्यों? और इसके लिए किसे कुसूरवार माना जाए? इस किताब में मैं यह बहस करूंगा कि रिश्तों का जो मौजूदा हाल है उसकी ज़िम्मेदारी दोनों ही देशों की है (कई बार तीसरे मुल्क की भी), लेकिन इसे और जटिल बना दिया है भारत के प्रति पाकिस्तान की बेतुकी सनक ने।

दोनों देशों के बीच तनाव के बीज काफी शुरुआत में ही पड़ गए थे। जिन्ना का मेल-मिलाप वाला रुख न तो मुस्लिम लीग में ज़्यादातर लोगों में नज़र आता था और न ही पाकिस्तान की सिविल और मिलिटरी ब्यूरोक्रेसी में कहीं दिखाई पड़ता था, इन लोगों को विभाजन के दौरान पैदा हुई नफरत की भावना को बरकरार रखते हुए इस नए मुल्क को अपने अधिकार में रखना ज़्यादा आसान लगता था। भारत के नेताओं, प्रधानमंत्री जवाहरलाल नेहरू और गृहमंत्री सरदार वल्लभभाई पटेल की नए पाकिस्तान के प्रति बेरुखी के चलते, खासतौर पर दोनों देशों के बीच

संपत्तियों के बंटवारे के मामले में अनुदार होने से भी संबंधों की सहजता कायम होना और कठिन हो गया।

11 अगस्त 1947 को पाकिस्तान के निर्वाचित सदन में पहली बार दिए गए अपने भाषण में जिन्ना ने कहा कि उन्हें विभाजन एक ऐसी ज़बरदस्त क्रांति के तौर पर नज़र आता है जिसने भारत की एक बड़ी संवैधानिक समस्या यानी एक धार्मिक समूह के अल्पमत में होने और दूसरे धार्मिक समूह के बहुमत में होने का समाधान कर दिया था। उनके प्रयास अब रंग ला चुके थे। अब वक्त था, बीती बातों को भूल जाने का, साथ मिलकर काम करने का और दुश्मनी भुला देने का।[5] लेकिन ये कहना जितना आसान था, इसका मुमकिन होना उतना ही कठिन।

पाकिस्तान को लेकर जिन्ना के आशावादी रवैए को भारत में लोगों ने समझा हो ऐसा ज़रूरी नहीं था। कांग्रेस ने विभाजन का ज़बरदस्त विरोध किया था। यहां तक कि ऑल इंडिया कांग्रेस कमेटी के उस प्रस्ताव में भी, जिसमें माउंटबेटन के 3 जून 1947 के विभाजन के प्रस्ताव को मंज़ूरी दी गई थी, इसे सिर्फ़ एक अस्थायी समाधान बताया गया था। इसमें ये उम्मीद जताई गई थी कि एक बार जब नफरत की आंधी थम जाएगी तो भारत की समस्याओं को सही नज़रिए से देखा जाएगा और फिर द्विराष्ट्र का ये झूठा सिद्धांत हर किसी के द्वारा अस्वीकार कर दिया जाएगा।[6]

कांग्रेस के इस प्रस्ताव में भी भारतीय उपमहाद्वीप की क्षेत्रीय अखंडता

को दोहराया गया था।

'आज जो भारत का स्वरूप है इसे इस क्षेत्र के भूगोल, यहां के पर्वतों और समुद्रों ने बनाया है...आर्थिक परिस्थितियों और अंतरराष्ट्रीय मामलों के चलते भारत की एकता और ज़रूरी हो जाती है। भारत का जो स्वरूप हमेशा से हमारी आंखों में बसा हुआ है वो हमारे दिलो-दिमाग में बरकरार रहेगा।'[7]

पाकिस्तानियों ने हमेशा इस प्रस्ताव और इस तरह के दूसरे प्रस्तावों का ये मायने निकाला है कि भारत किसी भी तरह से विभाजन को खत्म करना चाहता है। शुरुआत से ही पाकिस्तान के उच्च वर्ग ने सुरक्षा की आवश्यक ज़रूरतों को उन्माद की हद तक बढ़ा-चढ़ाकर पेश करना शुरू कर दिया। इस बात से भी कोई फर्क नही पड़ा कि विभाजन के साथ हुए सांप्रदायिक दंगों के चलते लगभग पांच लाख लोगों की मौत हुई थी और डेढ़ करोड़ के आस-पास लोग शरणार्थी बन गए, मुस्लिम पाकिस्तान में शरणार्थी बने और हिंदू तथा सिख भारत में।[8] हर वह समुदाय जो इस नरसंहार में शामिल था, उस क्रूरता की ज़िम्मेदारी लेने की बजाए दूसरों पर ही इल्ज़ाम थोपता रहा।

दोनों ही मुल्कों में जो लोग इस विभाजन की हिंसा के शिकार हुए थे वो एक दूसरे के प्रति गुस्सा, कड़वाहट और दुश्मनी के स्थायी केंद्र बन गए। पाकिस्तान में इस तबके में सेना, प्रशासनिक अमला और राजनीतिक

वर्ग के ज़्यादातर लोग शामिल थे।

लेकिन नेहरू ने भी इस डर को खत्म करने के लिए ज़्यादा कुछ नहीं किया, आज़ादी के बाद के शुरुआती सालों में वो ज़्यादातर विरोधाभासी बातें करते रहे। एक तरफ लगता था कि भारतीय प्रधानमंत्री जिन्ना की उस सोच से इत्तेफाक रखते थे जिसमें सोचा गया था कि दोनों देश अपनी-अपनी अलग पहचान कायम रखते हुए एक दूसरे के करीबी बने रहेंगे। उन्होंने कहा था, 'बुनियादी ऐतिहासिक, सांस्कृतिक और आर्थिक ज़रूरतों से बड़ा कुछ भी नहीं होता, ये सब हमें एक दूसरे के करीब लाती हैं'।

लेकिन पाकिस्तान में इस तरह की भावनाओं को बिल्कुल दूसरे तरीके से ही समझा गया। भारत और पाकिस्तान की साझा विरासत के बारे में किसी भी बातचीत को सीधे तौर पर पाकिस्तान की बुनियाद पर हमला माना गया, इसे एक अलग राष्ट्र के तौर पर पाकिस्तान की पहचान को खत्म क़रने की साजिश समझा गया।

अलीगढ़ मुस्लिम विश्वविद्यालय में जनवरी 1948 में एक भाषण के दौरान नेहरू ने पाकिस्तान को ये भरोसा दिलाने की कोशिश की थी कि पाकिस्तान के एक अलग मुल्क होने के अधिकार पर भारत सवाल नहीं खड़े करता।

उन्होंने कहा था,

'अगर आज किसी भी तरीके से मुझे भारत और पाकिस्तान को फिर से एक

करने का मौका दे दिया जाए तो मैं इसे तुरंत ठुकरा दूंगा, वजह बिल्कुल साफ है। मैं मुश्किलों से भरे पाकिस्तान की दुश्वारियों का बोझ नहीं उठाना चाहता। मेरे पास अपने मुल्क की बहुत समस्याएं हैं। किसी भी तरह का करीबी सहयोग एक सामान्य तरीके से पैदा होना चाहिए और ऐसे दोस्ताना ढंग से जिसमें पाकिस्तान एक राज्य के तौर पर खत्म न किया जाए बल्कि उसे एक बड़े संघ में बराबर का साझीदार बनाया जा सके जिसमें दूसरे कई देश भी जुड़े सकें।"[9]

इनमें से किसी भी आश्वासन से पाकिस्तान के उच्च वर्ग को शांत करने में मदद नहीं मिली। वो इस दौरान यही मानते रहे कि भारत का अंतिम रणनीतिक लक्ष्य पाकिस्तान को फिर से खुद में मिला लेना है। बंटवारे से पहले, भारतीय नेशनल कांग्रेस और ऑल इंडिया मुस्लिम लीग में ज़बरदस्त सियासी दुश्मनी थी और दोनों ही एक दूसरे को मात देने की लगातार फिराक में रहती थीं। सियायत की वही काली छाया भारत और पाकिस्तान के रिश्तों पर पड़ गई।

लेकिन ये सिर्फ़ पाकिस्तान की तरफ से ही उन्माद और अविश्वास का मामला नहीं था। नेहरू की कही हुई बात हर बार अमली जामा पहनती हो ऐसा नहीं था। गांधी ने प्रस्ताव रखा था कि पाकिस्तान के साथ ऐसा व्यवहार होना चाहिए जैसे कि संयुक्त परिवार का कोई सदस्य घर से अलग होकर अपने खुद के घर में चला गया हो, पाकिस्तानियों का

दिल जीतने की ज़रूरत थी न कि उसे अपने मूल परिवार से और अलग-थलग करने की। नेहरू और उनके ताकतवर गृहमंत्री वल्लभभाई पटेल ने हालांकि पाकिस्तान के प्रति ऐसा तिरस्कार दिखाया जैसा मुग़ल बादशाह अपने बागी सूबों के साथ भी नहीं दिखाते थे, पाकिस्तान को अंग्रेज़ों के इशारे पर इस उपमहाद्वीप के टुकड़े करने का दोषी बताने का कोई मौका नहीं छोड़ा गया।

पटेल ने एक अलग राष्ट्र के तौर पर पाकिस्तान के टिके रह पाने की संभावना पर खुलेआम शक ज़ाहिर किया और इस बात पर ज़ोर देते रहे कि, 'देर सवेर हम फिर से अपने राष्ट्र के प्रति अधीनता दिखाते हुए एक हो जाएंगे', साफतौर पर ये इशारा अखंड भारत के लिए था। उन्होंने दिसंबर 1950 में अपनी मृत्यु से पूर्व भी भारतीयों को याद दिलाया था, 'मत भूलो कि तुम्हारी भारतमाता के अहम अंगों को काट दिया गया है'।[10] उन शुरुआती वर्षों में पाकिस्तान के प्रति भारत की नीति घरेलू राजनीतिक प्राथमिकताओं से प्रभावित थी जिनमें विभाजन के बाद पाकिस्तान से विस्थापित हुए हिंदुओं और सिखों को आश्वासन देना, हिंदू राष्ट्रवाद (भारतीय राष्ट्रवाद के उलट) को दूर रखना और कांग्रेस के प्रति भारतीय मुस्लिमों का विश्वास जीतना शामिल था। भारतीय संघ से मुस्लिम बहुल सूबों के अलग हो जाने के बाद नेहरू ने अपना ध्यान कांग्रेस को एक राष्ट्रीय स्वाधीनता आंदोलन से बदलकर दुनिया के सबसे

बड़े लोकतंत्र पर शासन करने वाली एक राजनीतिक पार्टी बनाने पर केंद्रित था। भारत के अल्पसंख्यक मुस्लिम जिनमें से ज़्यादातर ने ब्रिटिश राज के खत्म होते समय जिन्ना और मुस्लिम लीग का समर्थन किया था, बंटवारे के बाद नेतृत्वविहीन थे।

कांग्रेस अब भारतीय मुसलमानों को एक वोटबैंक की तरह अपने हक़ में कर सकती थी अगर वो उन्हें ये यकीन दिला देती कि उन्हें जानबूझकर यहां छोड़ दिया गया। कांग्रेस ने ऐसा लगातार किया और इस समुदाय को यह याद दिलाती रही कि अगर पाकिस्तान नहीं बना होता तो वे लोग ज़्यादा बेहतर हालत में होते। बाहरी मुल्कों में भी जहां पाकिस्तानी राजनयिक अपने नए मुल्क को दुनिया के सामने पेश कर रहे होते वहां भारतीय राजनयिक बंटवारे के सिद्धांत को ही खारिज कर देते। ज़्यादातर पाकिस्तानियों के लिए ये रवैया उनके भारत के प्रति अविश्वास को और पुख्ता कर देता और उनका यकीन उन वजहों पर और बढ़ जाता जिनके चलते पाकिस्तान की मांग की गई थी।

पाकिस्तान भी एक राष्ट्र निर्माण की प्रक्रिया के दौरान शुरुआत दिनों में अपने हिसाब से चीज़ें गढ़ रहा था, इनमें से कुछ बातें भारत विरोधी मानसिकता पैदा कर रही थी। नए मुल्क की कमान संभालने वाले लोग भारत से पलायन करके आये थे और उस इलाके के बाशिंदे नहीं थे जो कि अब पाकिस्तान बन चुका था। इस वजह ने उन्होंने पाकिस्तान के

विचार को और मज़बूत तरीके पेश किया ताकि उससे उनका रिश्ता आसानी से जुड़ सके। उन्होंने हिंदुओं और मुस्लिमों के बीच कभी न खत्म हो सकने वाले टकराव और दो राष्ट्रों के सिद्धांत पर खासा ज़ोर दिया।

मिसाल के तौर पर प्रधानमंत्री लियाक़त अली खान जो कि हरियाणा की एक छोटी सी रियासत के नवाब थे, उन्होंने बार-बार ये बात दोहराई कि, 'पाकिस्तान ही वो मुल्क हो सकता था, जहां पर इस्लामी तौर-तरीके लागू किये जा सकते थे और मुसलमान अपनी काबिलियत के हिसाब से रह सकते थे'।[11] ठीक ऐसे ही ख्यालात तमाम भारत से आये दूसरे मंत्रियों ने भी ज़ाहिर किये, और प्रशासनिक सेवा के प्रमुख चौधरी मुहम्मद अली ने भी यही कहा, जो कि जालंधर से आये थे।

पाकिस्तान को इस्लाम का गढ़ बताना और 'हिंदू भारत' को 'मुस्लिम पाकिस्तान' से अलग बताना उन सवालों से मुंह मोड़ने का आसान तरीका था कि आखिर जो लोग यूपी, दिल्ली, बंबई और कलकत्ता जैसी जगहों पर पैदा हुए और वहां पूरी ज़िंदगी बिता दी थी, आखिर एक ऐसे देश में क्यों भाग रहे थे जहां ऐसी जगहें नहीं थीं।

'फ्रंटियर गांधी' के नाम से मशहूर पख्तून नेता अब्दुल ग़फ्फार ख़ान कांग्रेस के समर्थक थे और 1946 में आज के खैबर-पख्तूनख्वाह और उस वक्त के नॉर्थवेस्ट फ्रंटियर प्रॉविंस में कांग्रेस को मुस्लिम लीग से ज़्यादा मुस्लिम वोट दिलवाये थे। आज़ादी मिलने के बाद ग़फ्फ़ार ख़ान

ने पाकिस्तान के हुक्मरानों की, जिनमें से ज़्यादातर बाहर से आए थे, यह कहते हुए आलोचना की थी कि उन्होंने आम पाकिस्तानी लोगों को कब्ज़े में रखने के लिए उनकी ज़िंदगी को दंगों, हमलों और जिहाद में उलझाकर रख दिया।[12] ग़ुलाम मुर्तज़ा सईद जो कि सिंध की एक मशहूर शख्सियत थे, उन्होंने अपने सूबे में बाहर से आए 'अजनबियों को भारी तादाद में बसाए जाने' की आलोचना की थी, ये अजनबी लोग बंटवारे के बाद भागकर आए पंजाबी और उर्दू बोलने वाले 'मोहाजिर' थे।[13]

मजहब के नाम पर बने इस मुल्क में भी जातीय दूरियां नहीं मिट सकीं। हालांकि इससे नफरत और दुश्मनी को ज़रूर भड़काया जिसके चलते भारत के साथ सामान्य रिश्ते संभव रखना मुश्किल हो गया।

हालात और तब बिगड़े जब ब्रिटिश भारत की आबादी का 21 फीसदी और आय का 17 फीसदी पाकिस्तान के हिस्से में आया[14], लेकिन उसे दूसरे विश्वयुद्ध के दौरान तैयार की गई विशाल सेना का एक तिहाई हिस्सा मिला।

ब्रिटिश सरकार की कुछ खास नस्लों और जातियों को 'लड़ाकू नस्ल' मानने की नीति के चलते उन पख्तूनों और पंजाबी मुसलमानों को फौज में भर्ती होने का ज़्यादा मौका मिला था जिनका वतन अब पाकिस्तान हो चुका था। विभाजन के नियम के मुताबिक पाकिस्तान को ब्रिटिश भारत की थलसेना का तिहाई हिस्सा मिला, नौसेना का चालीस फीसदी और

हवाई सेवा का बीस फीसदी मिला।[15] हाल ये हो गया कि 1948 में पाकिस्तान के पहले बजट का 75 फीसदी हिस्सा इस विशालकाय सेना के रख-रखाव और वेतन के लिए जारी करने पर प्रधानमंत्री लियाक़त अली ख़ान को मजबूर होना पड़ा।[16]

इस तरीके से पाकिस्तान उन मुल्कों की तरह नहीं था कि जिन्हें अपने सामने आने वाले खतरों के चलते एक सेना का गठन करना पड़ा हो, इसे एक विशालकाय सेना विरासत में मिल गई थी और अब इसे एक ऐसे खतरे की ज़रूरत थी जिसके सहारे इसे रखा जा सके। हालांकि भारत की सेना पाकिस्तान के मुकाबले दो गुनी थी लेकिन उस देश का क्षेत्रफल और उसके आय के स्रोत भी कहीं ज़्यादा थे और भारत तमाम संभावित खतरों के मद्देनजर इस विशाल सेना की ज़रूरत को सही ठहरा सकता था। पाकिस्तान के मामले में ब्रिटिश राज से मिली इस विशाल सेना की कैफियत सिर्फ़ हिंदुस्तान था।

पाकिस्तानी सेना के पहले दो कमांडर-इन-चीफ ब्रिटिश जनरल थे। जब पहले मुस्लिम कमांडर-इन-चीफ जनरल अयूब खान ने सेना की बागडोर संभाली तो उन्होंने कहना शुरू कर दिया कि किस तरह से ब्राह्मणवादी राष्ट्रीयता और अहंकार के चलते पाकिस्तान के निर्माण की ज़रूरत पड़ी।[17] अयूब और दूसरे जनरलों ने तर्क दिया कि हिंदू भारत से पाकिस्तान की हिफ़ाज़त के लिए पाकिस्तान को बड़ी सेना की ज़रूरत है।

उन्होंने दावा किया कि हिंदू इस उपमहाद्वीप पर 700 सालों तक चले मुस्लिम शासन का बदला मुस्लिम पाकिस्तान को धमकाकर लेना चाहते थे। अयूब ने तो यहां तक ऐलान कर दिया कि भारत के भीतर मुस्लिमों को लेकर सनक की हद तक नफरत है और पाकिस्तान के प्रति इसकी दुर्भावना की वजह यही है कि वो अपने पड़ोस में एक मुस्लिम ताकत को पनपते हुए नहीं देखना चाहता।[18]

विडंबना तो ये थी कि पाकिस्तान के जन्म के समय उसके लिए सबसे बड़ी समस्याएं आर्थिक और राजनीतिक कारणों से पैदा हुई थीं न कि सैन्य कारणों से। 3 जून 1947 के विभाजन के प्रस्ताव में आज़ादी के लिए सिर्फ़ 72 दिन का समय दिया गया था। लेकिन भारत के उलट पाकिस्तान के पास न तो कोई राजधानी मौजूद थी, न ही कोई केंद्रीय सरकार थी और न राजस्व के दूसरे स्रोत थे। मुस्लिम लीग के नेता जिस देश की मांग कर रहे थे उसको चलाने के लिए उन्होंने कोई रूपरेखा तैयार नहीं की थी।

आज़ादी मिलने के कुछ ही दिनों के भीतर पाकिस्तान बंटवारे के बाद भारत से मिलने वाली आर्थिक और सैन्य संपत्ति के लिए परेशान हो उठा। उसके पास रियासतों को नए देश में शामिल करने के लिए बातचीत करने की भी कोई कार्ययोजना तैयार नहीं थी, 562 में से 14 रियासतों में मुस्लिम आबादी की बहुलता थी और ये या तो पाकिस्तान की सीमा के भीतर थे या फिर सीमा से सटे हुए थे।

मुस्लिम लीग की तैयारियों का अंदाज़ा इसी बात से लग सकता है कि पाकिस्तान की आज़ादी के दिन उनमें से सिर्फ़ एक रियासत स्वात ने ही इस नए मुस्लिम देश का हिस्सा बनने का फैसला किया। ये भारत की तैयारियों के ठीक उलट था जहां आज़ादी के दिन सिर्फ़ 6 रियासतों को छोड़कर बाकी सभी 548 रियासतें भारतीय संघ का हिस्सा बन चुकी थीं। आज़ादी मिलने के कई महीनों बाद तक पाकिस्तान की सीमारेखा का कोई अता-पता ही नहीं था। संयोग ऐसा था कि पाकिस्तान में मौजूद रियासतें उसका हिस्सा बन गईं और सिर्फ़ एक कलात रियासत जो कि बलूचिस्तान में थी, उसे शामिल करने के लिए मार्च 1948 में सैन्य अभियान का सहारा लेना पड़ा।

इसके अलावा, पाकिस्तान बनने के समय उसके दो हिस्सों के बीच में एक हज़ार मील का फासला भारतीय इलाके के रूप में मौजूद था। एक ऐसी सरकार का ढांचा तैयार करना जो कि बंगाली बोलने वाले पूर्वी पाकिस्तान और पंजाबियों के दबदबे वाले पश्चिमी पाकिस्तान को चला सके, काफी मुश्किल काम था। इस नए देश को आर्थिक तौर पर अपने पैरों पर खड़ा करना भी एक बड़ी चुनौती थी। पाकिस्तान में एक तरीके से उद्योग धंधे नहीं थे और इसके कृषि उत्पादों के बड़े बाज़ार भारत में थे। पाकिस्तान दुनिया का लगभग 75 फीसदी जूट पैदा करता था लेकिन इसके पास जूट का सामान तैयार करने की एक भी मिल नहीं थी, सारी

मिलें भारत में थीं। उसी तरह से ब्रिटिश काल के भारत का लगभग एक तिहाई कपास अब पाकिस्तान में उगता था लेकिन इसके पास सूती मिलों की संख्या का तीसवां हिस्सा ही था।[19]

गैर मुस्लिम उद्यमी जिनका आज के पाकिस्तान वाले इलाके में व्यापार पर दबदबा था, या तो अपना घर-बार छोड़कर भाग गए या फिर उन्होंने अपनी पूंजी का केंद्र सरहद के दूसरे हिस्से को बना लिया। पाकिस्तान के एक देश के तौर पर पनप पाने को लेकर जारी कशमकश भी इस पूंजी के पलायन के पीछे की वजह हो सकती थी, लेकिन इस नए मुल्क के नेताओं के लिए ये पाकिस्तान का आर्थिक तौर पर गला घोंटने की 'हिंदू चाल' थी। पाकिस्तान को मिलने वाला राजस्व उस 17 फीसदी से भी कम चला गया जो कि पाकिस्तान को मिलता अगर विभाजन की प्रक्रिया आराम से पूरा हो जाती और बंटवारे के नियमों के मुताबिक इस देश को उसका हर हिस्सा मिला होता।

पाकिस्तान का ये आर्थिक संकट राजनीतिक अराजकता की वजह से और बिगड़ गया। जिस व्यापक मुस्लिम राष्ट्रीयता के विचार के चलते तमाम अलग-अलग पृष्ठभूमि के मुसलमान पाकिस्तान बनाए जाने के लिए एक साथ आए थे, वो विचार अब काम नहीं आने वाला था जबकि देश अस्तित्व में आ चुका था। जहां जिन्ना बंटवारे के दौरान भड़की सांप्रदायिक हिंसा को रोकने के लिए चिंतित थे, वहीं उनके उत्तराधिकारियों

(उनकी मौत पाकिस्तान के अस्तित्व में आने के महज एक साल के भीतर सितंबर 1948 में हो गई थी) ने फैसला किया कि धार्मिक भावनाओं का इस्तेमाल पाकिस्तानी राष्ट्रवाद और खुद उनकी सत्ता को मज़बूत करने के लिए किया सकता था।

स्वतंत्र पाकिस्तान बनाने के लिए जिस धारणा को लेकर सबसे ज़्यादा तर्क दिए गए वो ये थी कि आबादी चाहे जितनी भी हो हिंदू और मुसलमान दोनों को दो अलग-अलग और एक बराबरी वाले मुल्कों की तरह समझा जाना चाहिए। मुस्लिम लीग ने इस मांग को समानता का सिद्धांत बताया था। अब जबकि पाकिस्तान अस्तित्व में आ चुका था, तो इसकी भारत के साथ आर्थिक और सैन्य मामलों में असमानता किसी से छुपी नहीं थी। पाकिस्तान को भले ही अंतरराष्ट्रीय नियमों के हिसाब से भारत के बराबर ही संप्रभुता हासिल थी, लेकिन दोनों देश सैन्य क्षमता और वैश्विक कद के मामले में कहीं से भी एक जैसे नहीं हो सकते थे।

हालांकि ये सच्चाई उन पाकिस्तानी सियासतदानों के लिए कोई मायने नहीं रखती थी जो इस नए मुल्क में अपनी सियासी सरज़मीं तैयार करने में जुटे थे। पाकिस्तान की फौज को महसूस हुआ कि उसे अपने संसाधनों की पूर्ति के लिए इस देश पर अपनी पकड़ मज़बूत करनी होगी। भारत के साथ फौजी बराबरी की होड़ ही पाकिस्तानी फौज के लिए हमेशा बढ़ते जाने वाले बजट के आवंटन को सही साबित कर पाती। ये फौज के

अपने फायदे की बात थी कि पाकिस्तान के एक 'नेशनल सिक्योरिटी स्टेट' बन जाने को बढ़ावा दिया जाए, जो कि लगातार भारत के हमले के खौफ में जीता रहे, वो भारत जो अभी तक पाकिस्तान के अस्तित्व को ही स्वीकार नहीं कर सका था।

आज़ादी के महज सात महीनों के भीतर ही बंगाली नेता हुसैन शहीद सुहरावर्दी ने पाकिस्तानी की संसद को चेताया था कि मुल्क एक खतरनाक रास्ते पर निकल चुका है। अविभाजित बंगाल के मुख्यमंत्री के तौर पर सुहरावर्दी ने सांप्रदायिक हिंसा का भयानक रूप देखा था और खुद हिंदू और मुसलमानों के बीच ध्रुवीकरण पैदा करने में मुस्लिम लीग की मदद की थी जिसकी वजह से पाकिस्तान बनाने के लिए लीग को मुसलमानों का समर्थन मिला। लेकिन वो वक्त अलग था और उस वक्त सियासत की ज़रूरतें लग थीं। उन्होंने 'अब' पाकिस्तान की संसद में कहा, तुम लोग सिर्फ़ मुस्लिमों की भावनाओं को भड़काने और उनको एकजुट रखने के लिए 'पाकिस्तान के खतरे में होने' का रोना रो रहे हो, ताकि तुम खुद सत्ता में बने रह सको।[20]

सुहरावर्दी जो कि 1956 में थोड़े वक्त के लिए पाकिस्तान के प्रधानमंत्री भी रहे, उन्होंने चेतावनी दी थी कि पाकिस्तान एक ऐसा मुल्क बन रहा है जिसकी बुनियाद सिर्फ़ जज़्बात रहेंगे, इस्लाम के खतरे में होने के जज़्बात या फिर पाकिस्तान के खतरे में होने के। उन्होंने पहले ही भांप लिया था

कि मुस्लिम लीग के नेता पाकिस्तान को एक ऐसा राज्य बना रहे हैं जिसे सिर्फ़ हमले का भूत दिखाकर कब्ज़े में रखा जा सकेगा और जिसे एकजुट रखने के लिए पाकिस्तान और भारत के बीच लगातार संघर्ष को भड़काए रखना होगा। सुहरावर्दी ने चेताया था कि ऐसा देश 'खतरों और शंकाओं से भरा' होगा।

पाकिस्तान अभी भी भारत के खिलाफ गुस्से की राष्ट्रीय धारणा को बढ़ावा देता है, इसकी फौज को और ताकत मिल गई, जब ये पश्चिमी कम्युनिस्ट विरोधी गठबंधन का हिस्सा बन गया, कश्मीर दोनों देशों के बीच झगड़े की जड़ बन गया और जैसे-जैसे पाकिस्तान मध्य-पूर्व के अरब देशों के करीब होने की कोशिश करने लगा तो भारत-पाकिस्तान की साझा पहचान जो दोनों मुल्कों को जोड़ती थी, जान-बूझकर खत्म की जाने लगी।

रियासतों के साथ बातचीत की पाकिस्तान की आधी-अधूरी तैयारी के चलते भारत के साथ हमेशा के लिए चलने वाले संघर्ष की नींव बड़ी। सबसे ज़्यादा मुस्लिम आबादी वाली रियासत जम्मू और कश्मीर ने तीन प्रमुख वजहों के चलते समस्या पैदा की। पहली बात कि ये दोनों ही मुल्कों से जुड़ी हुई थी, दूसरी इसके हिंदू महाराजा हरि सिंह ने शुरुआत में स्वतंत्र रहने का मन बनाया और तीसरी कि इसके लोकप्रिय मुस्लिम नेता शेख अब्दुल्ला मुस्लिम लीग की बजाय कांग्रेस के करीबी थे।

पाकिस्तान ने पख्तून कबीलों से चुने गए लड़ाकों की मदद से जम्मू-कश्मीर में अपनी ताकत मज़बूत करने की कोशिश की। इसने एक तरह से भारत को इस इलाके में सीधे सैन्य हस्तक्षेप करने का रास्ता खोल दिया। मुस्लिम लीग शेख अब्दुल्ला को अपने साथ मिलाने में नाकामयाब रही लेकिन पाकिस्तान महाराजा हरि सिंह के साथ यथास्थिति बरकार रखने का समझौता कर सकता था और फिर उसे अपने साथ मिला सकता था। लेकिन आधी-अधूरी योजना के साथ कबायलियों की घुसपैठ कराकर पाकिस्तान ने हरि सिंह को भारत के हाथों में सौंप दिया। युद्ध छेड़ना और फिर हार जाना किसी भी नए देश की शुरुआत के लिए अच्छा नहीं था। बल प्रयोग करने की वजह से पाकिस्तान का वो नैतिक अधिकार भी जाता रहा कि मुस्लिम बहुलता की वजह से जम्मू-कश्मीर पाकिस्तान का हिस्सा होना चाहिए था।

कुछ लोगों के लिए तो कश्मीर का विवाद किसी खुदा की नेमत से कम नहीं था। पटेल जो कि पहले से ही पाकिस्तान के खिलाफ थे, उन्होंने तर्क दिया कि पाकिस्तान अब खुले तौर पर भारत के साथ युद्ध कर रहा था और युद्ध के दौरान किसी भी देश से ये उम्मीद नहीं करनी चाहिए कि वो दूसरे देश को हथियार या फिर पैसे की मदद करेगा। इसका नतीजा ये हुआ कि भारत ने विभाजन की योजना के चलते पाकिस्तान को दी जाने वाली संपत्तियों की रकम को रोक दिया। इसने विभाजन की कड़वाहट

को और बढ़ा दिया।

ब्रिटिश भारत की संपत्तियों का 17.5 फीसदी हिस्सा पाकिस्तान को दिया जाना था। नकदी की देख-रेख रिज़र्व बैंक ऑफ इंडिया के पास थी और उसने कई महीनों के लिए 75 करोड़ रुपये की रकम का हस्तांतरण रोक दिया। कश्मीर में छिड़ी ज़ंग के चलते पाकिस्तान के हिस्से आने वाला 165,000 टन हथियार, गोला-बारूद और दूसरा रक्षा साजो-सामान फंस गया, 31 मार्च 1948 तक भारत ने इसमें से सिर्फ़ 4730 टन ही जारी किया गया और फिर 18000 टन 10 सितंबर 1948 तक दिया गया। पाकिस्तान का दावा था कि इस तारीख तक भारत के पास उसके हिस्से का 142000 टन का रक्षा संबंधी साजो-सामान ऐसा था जो कि पाकिस्तान आ जाना चाहिए था।

ठीक इसी तरह की एक और घटना के बाद भारत ने अप्रैल 1948 को अपने अधिकार वाले पंजाब नहर के दो हिस्सों से पानी की सप्लाई रोक दी। 1947 की सर्दियों में भारत और पाकिस्तान के चीफ इंजीनियरों ने एक यथास्थिति समझौता किया था जिसके चलते मार्च 1948 तक दोनों देशों के बीच पानी के आवंटन पर रोक लगाई गई थी। जिस दिन समझौता खत्म हुआ भारत ने उसी दिन दो महत्वपूर्ण नहरों से पानी की सप्लाई बंद कर दी और एक नया स्थायी समझौता किए जाने की मांग की। पानी की सप्लाई फिर एक महीने बाद शुरू हुई जब एक दोनों देशों के बीच एक

बैठक हुई और भारत इस बात पर राज़ी हो गया कि वो पाकिस्तान को दूसरे विकल्प के तैयार होने का समय दिए बिना पानी की सप्लाई बंद नहीं करेगा। पाकिस्तान के नेताओं ने हालांकि इसे एक तकनीकी मसला न मानते हुए पाकिस्तान की कृषि को बर्बाद करने की भारत की साजिश माना।

गांधी जान गए थे कि भारत और पाकिस्तान के संबंधों में आई कड़वाहट को खत्म करना कितना अहम था, वो जनवरी 1948 में उपवास पर चले गए और पाकिस्तान के हिस्से की रकम को तुरंत दिए जाने की मांग की।[21] हालांकि इससे पाकिस्तानियों के दिलो-दिमाग पर छाई नफरत कम नहीं हुई। मुल्क़ को लग रहा था कि उस पर ज़ुल्म किया जा रहा था और ज़ुल्म करने वाला भारत था। मिसाल के तौर पर ये कहा जाता था कि दोनों देशों के बीच सरहद तय करते वक्त जानबूझकर पंजाब की सरहद ऐसे तय की गई कि भारत का कश्मीर के साथ सड़क संपर्क बना रहे। हालांकि पाकिस्तान ने कश्मीर को अपने साथ मिलाने की योजना में काफी गड़बड़ियां की थीं, लेकिन इस मुस्लिम बहुत राज्य के हाथ से निकल जाने के लिए मुस्लिम लीग की घटिया रणनीति के बजाय ब्रिटेन और भारत की साजिश को ज़िम्मेदार माना गया। कश्मीर युद्ध का ऐसा कारण था जिसकी वजह से दो नए आज़ाद मुल्क एक दूसरे के खिलाफ जंग की हालत में अपने जन्म से ही आ गए थे।

फिर भी बंटवारे के लगभग एक दशक तक भारत और पाकिस्तान के बीच आना-जाना आसान था। ब्रिटिश काल में बनी रेल लाइन के सहारे बड़ी तादाद में लोग इधर से उधर जाते थे। 1951 तक जब तक कि पाकिस्तान ने अपने नागरिकता कानून को तैयार किया, भारत के मुसलमान बेहतर भविष्य की तलाश में सरहद पार जा और आ सकते थे। उन्हें किसी पासपोर्ट की ज़रूरत नहीं थी, जिसका प्रावधान जून 1952 में किया गया[22], यहां तक कि तब भी एक भारतीय-पाकिस्तानी पासपोर्ट दोनों देशों में आने जाने के लिए वैध था और अंतरराष्ट्रीय पासपोर्ट सिर्फ़ 1965 के बाद आवश्यक किया गया। इसके बाद ही वीज़ा की ज़रूरतें सामने आईं यानी बंटवारे के पूरे अट्ठारह साल के बाद।

दोनों ही मुल्क़ों की फिल्में और किताबें एक दूसरे के बाज़ारों में आसानी से बेची जाती थीं। उर्दू शायर सरहद पार मुशायरों में शरीक़ होते थे, खेल के आयोजन लगातार हुआ करते थे और दूसरी करेंसी और कस्टम की निगरानियों के बाद भी व्यापार जारी था। दोनों तरफ के राजनीतिज्ञ और नौकरशाह एक दूसरे को अच्छी तरह से जानते थे, वहीं अखबारों के संपादक और प्रोफेसर भी लगातार एक दूसरे से मिलते-जुलते रहते थे।

शुरुआती दिनों में इस आवागमन की आज़ादी और नागरिकता के कानूनों के स्पष्ट न होने के चलते कुछ दिलचस्प वाक़ए भी पेश आए।

पाकिस्तान ने यूपी के एक मुसलमान मुहम्मद इस्माइल को भारत का हाई कमिश्नर घोषित कर दिया जबकि वो पाकिस्तान गए ही नहीं थे। हंगामा तब खड़ा हो गया जब लखनऊ से छपने वाले *तनवीर* नाम के एक अखबार ने खबर छाप दी कि पाकिस्तान के हाई कमिश्नर खुद को हिंदुस्तानी मानते हैं और उनका पाकिस्तानी नागरिकता हासिल करने का कोई इरादा नहीं था। जिस देश में उन्हें नियुक्त किया गया था, उस देश के नागरिक बने रहने की वजह से इस्माइल हाई कमिश्नर के तौर पर सेवा नहीं दे सके और उन्हें राजनयिक के तौर पर मिलने वाले अधिकार भी नहीं मिले।[23] वो और उनकी तरह के कई मुस्लिम बहुत सूबों के मुस्लिम लीग नेताओं ने ये मान लिया था कि वो भारत में मौजूद अपनी मिल्कियत के मालिक रहते हुए भी पाकिस्तान की नुमाइंदगी करते रहेंगे।

कुछ प्रमुख मुस्लिम शख्सियतें तो नागरिकता के बारे में कोई तय फैसला किए बिना ही कई साल तक एक से दूसरे मुल्क में आती-जाती रहीं। इनमें ही शामिल थे, चौधरी ख़लीक़-उज़्-ज़मां जो यूपी से ताल्लुक रखते थे और पाकिस्तान मुस्लिम लीग के प्रमुख बनने और कराची में जा बसने से पहले भारत के सदन में नेता विपक्ष हुआ करते थे। नागरिकता का ये संशय सिर्फ़ मुस्लिम लीग के नेताओं को लेकर नहीं था। जोगिंदर नाथ मंडल, जो बंगाल के एक दलित नेता थे, जिन्ना के बुलावे पर 1947 में पाकिस्तान के कानून मंत्री बनने के लिए चले गए लेकिन 1950 में

वापस कलकत्ता लौट आए। यूपी में पैदा हुए सज्ज़ाद ज़हीर आज़ादी के बाद पाकिस्तान कम्युनिस्ट पार्टी के प्रमुख नेता बन गए लेकिन उन्हें 1951 में राजद्रोह के आरोप में गिरफ्तार कर लिया गया और तीन साल बाद भारतीय नागरिकता लेने की इच्छा जताने पर उन्हें भारत प्रत्यर्पित कर दिया गया।

***

1958 में पाकिस्तान में पहले सैन्य तख़्तापलट के बाद चीज़ें नाटकीय तरीके से बदलने लगीं। सेना ने अपना सियासी रसूख बढ़ाना तभी से शुरू कर दिया था जब 1951 में पहले पाकिस्तानी कमांडर जनरल (बाद में फील्ड मार्शल) अयूब खान ने ब्रिटिश जनरलों से सेना की बागडोर अपने हाथ में ली थी, ये वही साल था जब प्रधानमंत्री लियाक़त अली खान की हत्या हुई। अयूब ब्रिटिश भारतीय सेना में भर्ती होकर अफसर बने थे और दूसरे विश्वयुद्ध के दौरान एक कमांडिग अफसर के तौर पर असफल रहने और 'शानदार बौद्धिक श्रेणी' का न होने के बावजूद उन्हें प्रोन्नत कर दिया गया था। उनके ब्रिटिश मूल के कमांडिंग अफसर जिन्होंने बंटवारे का अनुमान पहले ही लगा लिया था, अयूब के ब्रिटिश आर्मी के तौर-तरीकों के प्रति भक्तिभाव की तारीफ करते थे और उन्होंने ही सोचा कि ब्रिटिश जनरलों के जाने के बाद पाकिस्तान इस वरिष्ठ मुस्लिम अफसर की सेवाएं ले सकता था।[24]

अयूब को कोई राजनीतिक समझ नहीं थी और पाकिस्तान की राजनीति को लेकर उनके ख्यालात एक बड़े ही मासूम से सवाल से तय होते थे कि आर्मी के लिए क्या सही होगा? पाकिस्तान की सत्ता पर कब्ज़ा करने और संविधान को फिर से लिखवाने से पहले वह सात साल तक फौज के कमांडर रहे, इस बीच कई प्रधानमंत्री आए और गए।

अयूब की अगुवाई में सेना पाकिस्तान के हितों की सबसे बड़ी रक्षक बनकर उभरी। एक चुनी हुई सरकार का तख्ता पलट करके अयूब ने पाकिस्तान की सियासत में सेना के दखल का रास्ता साफ कर दिया और हमेशा के लिए भारत-पाकिस्तान के रिश्तों की राह का रोड़ा बन गई। मिसाल के तौर पर अक्टूबर 1958 में अयूब के तख्तापलट से पहले प्रधानमंत्री फिरोज़ ख़ान नून ने भारत के साथ जंग की मूर्खता भरी बातें की थी, जिस पर मुस्लिम लीग और इस्लामिस्ट जमात-ए-इस्लामी ने भारत-पाकिस्तान के बीच मसलों को सुलझाने के लिए सीधे सेना का इस्तेमाल करने की मांग की थी।

ब्रिटेनपरस्त होने और अमेरिका का खास सहयोगी होने के नाते अयूब खान ने पाकिस्तान के लिए अंतरराष्ट्रीय स्तर पर काफी समर्थन जुटा लिया था। वहीं दूसरी ओर नेहरू की वजह से भारत ने शीत युद्ध के दौरान गुट-निरपेक्ष रहने का फैसला किया था और इस वजह से पाकिस्तान को फायदा हुआ और उसने अमेरिका से हथियार और वित्तीय मदद

हासिल कर दी, जिसके चलते उसे भारत के बराबर सैन्य शक्ति जुटाने में आसानी हुई।

कई वर्षों तक अमेरिका को ये एहसास ही नहीं हुआ कि पाकिस्तान को अंतरराष्ट्रीय रणनीति अभियानों में साझीदार बनाने के चलते दक्षिण एशिया में टकराव और बढ़ गया। अमेरिका ने पाकिस्तान को हथियार देने के साथ ही प्रशिक्षण भी दिया, जो ऊपरी तौर पर अंतरराष्ट्रीय स्तर पर वामपंथ से लड़ने के लिए था लेकिन असल में पाकिस्तान ने उसका इस्तेमाल भारत के साथ अपनी हथियारों की होड़ के लिए किया। अमेरिका का हाथ पीठ पर रहने के चलते पाकिस्तान ने भारतीयों के साथ बातचीत में भी बेरुखी बनाए रखी।

अमेरिकी मदद और हथियारों के दम पर 1963 के आते-आते पाकिस्तान की सेना अब विभाजन के समय की सेना के मुकाबले दो गुनी हो चुकी थी। पाकिस्तान की सेना के पास अब आधुनिक पैटन टैंक थे, जबकि इसकी वायुसेना एफ-86 सैबर जेट से सुसज्जित थी। कुछ पाकिस्तानी जनरलों को ये लगने लगा कि अब वो भारतीयों के साथ दो-दो हाथ कर सकते थे और कश्मीर का मसला सुलझा सकते थे। भारत को हाल ही में चीन के साथ 1962 में करारी हार झेलनी पड़ी थी और 1964 में नेहरू की मौत के चलते अयूब खान का हौसला बढ़ा हुआ था, उन्हें लगता था कि पाकिस्तान के पास कोई कद्दावर प्रधानमंत्री न होने के

चलते इस वक्त उनकी सेना को युद्ध में बढ़त मिलेगी।

पाकिस्तान ने 1965 में कश्मीर में घुसपैठियों को भेजकर युद्ध की शुरुआत कर दी। उसको उम्मीद थी कि पाकिस्तान के समर्थन में कश्मीर युवक हथियार उठाते हुए भारत के खिलाफ व्यापक पैमाने पर बग़ावत कर देंगे, लेकिन ऐसा नहीं हुआ। 6 सितंबर 165 को भारत ने पाकिस्तान के कश्मीर में दाखिल होने का जवाब देते हुए पाकिस्तान की अंतरराष्ट्रीय सीमा पर मोर्चा खोलकर युद्ध का दायरा बढ़ा दिया। अमेरिका ने भारत और पाकिस्तान दोनों की हथियारों की आपूर्ति ठप कर दी, जिसके चलते पाकिस्तान काफी निराश हो गया। युद्ध बिना किसी की जीत-हार के फैसले के खत्म हो गया, और पाकिस्तान की सैन्य बढ़त हासिल करने के मंसूबों पर पानी फिर गया। ताशकंद में सोवियत संघ की मध्यस्थता के बाद दोनों ही देशों की सेनाएं युद्ध के पहले की अपनी स्थिति में लौट गईं। पाकिस्तान ने कश्मीर को ताकत के सहारे हासिल करने की ज़ुर्रत की और मुंह की खाई। भारत लाहौर को नहीं जीत सका और न ही उसने पूर्वी पाकिस्तान पर हमला किया, जो कि बिल्कुल ही असुरक्षित हालत में था। दोनों ही पक्षों को युद्ध से कोई फायदा नहीं मिला, न तो सियासी तौर पर और न ही इलाकों के रूप में।

पाकिस्तानियों ने इस युद्ध में 3000 से 5000 सैनिक, लगभग 250 टैंक और पचास एयरक्राफ्ट खोए, वहीं दूसरी ओर भारतीय खेमे को

ज़्यादा नुकसान पहुंचा, उनके 4000 से 6000 सैनिक मारे गए जबकि 300 टैंक और पचास एयरक्राफ्ट का नुकसान हुआ। संख्या और आकार में बड़ी सेना होने के चलते भारतीय इस नुकसान को ज़्यादा बेहतर तरीके से सह गए।[25] पाकिस्तान ने 1600 वर्ग मील भारतीय इलाके पर कब्ज़ा कर दिया था, जिसमें से 10 वर्ग मील तो रेगिस्तान था, जबकि भारत ने पाकिस्तान की पंजाब और कश्मीर की 350 वर्ग मील पर कब्ज़ा किया था। पाकिस्तानी ये सोचकर खुद को दिलासा दे सकते थे कि उन्होंने अपेक्षाकृत बड़ी सेना को रोकने में कामयाबी हासिल की, लेकिन चूंकि युद्ध उन्होंने ही शुरू किया था, ऐसे में उस लिहाज से उनके हाथ कुछ खास नहीं लगा था।

फिर भी अगर इस युद्ध में कोई नहीं जीता, तो इसी से दोनों ही देशों के नेताओं को युद्ध की निरर्थकता को देखते हुए संभल जाना चाहिए था। नेहरू ने एक बार भारतीयों और पाकिस्तानियों को आगाह करते हुए कहा था कि, चूंकि हमारे बीच रिश्ते काफी गहरे रहे हैं लिहाज़ा हम चाह कर भी एक दूसरे से बेरूखी नहीं दिखा सकते। हम या तो गहरे दोस्त हो सकते हैं या फिर कट्टर दुश्मन।[26] दोनों ही देशों के सैनिकों की जान लेकर और उन्हें घायल करके, युद्धबंदियों बना कर और दोनों ही देशों के नागरिकों को एक दूसरे के लड़ाकू विमानों की गोलीबारी का भयावह मंज़र दिखाकर 1965 की जंग दोनों ही देशों भारत और पाकिस्तान को

एक दूसरे का कट्टर दुश्मन वाला चेहरा दिखा गई।

इस युद्ध के साथ ही सरहद के दोनों तरफ लगभग बिना किसी रोक-टोक के जाने का चलन खत्म हो गया। दोनों देशों के बीच फिल्मों, किताबें और मैगज़ीन की अदला-बदली खत्म हो गई और साथ ही साथ व्यापार भी। अंधराष्ट्रभक्ति के ज़हर ने दोनों ही देशों को नए ज़ख़्म तो दिए ही पुराने घावों को भी हरा कर दिया जिन्हें भरना आसान नहीं था। रामचंद्र गुहा ने लिखा है कि कैसे देशभक्ति की लहर ने पूरी नई दिल्ली की आबादी को अपनी चपेट में ले लिया था। अखबार के लोगों ने लाहौर पर कब्ज़े की बातें शुरू कर दी थीं, जैसे कि पाकिस्तानी सेना भारतीय फौज का मुकाबला ही नहीं कर पा रही थी, जबकि लाहौर कभी भी दुश्मन के कब्ज़े में नहीं आया था।[27]

पाकिस्तान में भी धार्मिक प्रतीकों और जिहाद की बातों से फौज और जनता का मनोबल बढ़ाया जा रहा था। पाकिस्तानी सरहद पर भारतीय हमले के पहले दिन अयूब खान ने देश को संबोधित किया और एक तरह से आने वाले तमाम सालों तक भारत और पाकिस्तान के बीच के रिश्तों की पैमाइश कर दी, उन्होंने कहा, 'कश्मीर पर भारत का कब्ज़ा सिर्फ़ पाकिस्तान पर हमले की एक तैयारी भर था। आज उन लोगों (भारतीयों) ने इसका सुबूत दे दिया।' अयूब ने शैतानी इरादों का ज़िक्र किया जो भारत ने पाकिस्तान के अलग देश बनने के बाद से ही उसके खिलाफ

पाल रखे थे, जंग का ठीकरा हिंदुओं पर फोड़ा, हर बार की तरह कायर और दोमुंहा करा दिया, जिहाद की अपील की। उन्होंने एलान किया, 'पाकिस्तान के वो करोड़ों लोग जिनके सीने में "ला इलाह इल अल्लाह, मुहम्मद उल रसूल अल्लाह" (दूसरा कोई खुदा नहीं है पैगंबर मुहम्मद के सिवा) की सदा गूंजती है वो तब तक चैन से नहीं बैठेंगे जब तक भारत की बंदूकें खामोश नहीं हो जातीं।'[28]

पाकिस्तानी मीडिया में बहादुरी की अजीबो-गरीब कहानियां प्रकाशित होने लगीं, जिनमें ईश्वरीय मदद का ज़िक्र था, और भारतीयों की कायरता के साथ ही असाधारण प्रतिरोध दिखाये जाने के किस्से भरे हुए थे। सियालत कोट सेक्टर में आगे बढ़ते भारतीय टैंकों को रोकने के लिए सैनिकों के खुद ही टैंकभेदी बारूदी सुरंग लेकर लेट जाने के किस्से काफी मशहूर हुए। सामान्य नागरिकों और सैनिकों दोनों ने ही दावा किया कि उन्होंने अपनी आंखों से हरे रंग का लबादा पहने हुए फरिश्तों को हाथ की एक जुंबिश भर से उन बम के गोलों का रुख बदलते हुए देखा था जो मस्जिदों, पुलियों और बड़े ब्रिजों को निशाना बना रहे थे। ऐसे दावे किए गए कि सैनिकों ने अपनी थ्री नॉट थ्री राइफलों से दुश्मन के एयरक्राफ्ट मार गिराए थे।[29] जंग के दौरान और उसके बाद भी पाकिस्तान ने आधिकारिक तौर पर इस बात का दुष्प्रचार किया कि एक मुस्लिम सैनिक ने पांच-पाच हिंदुओं को मारने की दिलेरी दिखाई थी।

इस अंधराष्ट्रभक्ति का नतीजा ये हुआ कि एक बिना नतीजे की जंग लड़ने के महज छह साल के बाद भारत और पाकिस्तान फिर से जंग के मुहाने पर खड़े थे। इस बार ये जंग पूर्वी पाकिस्तान में थी और ये पहली जंग के मुकाबले कहीं ज़्यादा निर्णायक थी।

जनरल याहया खान की अगुवाई में पाकिस्तान की सेना ने दिसंबर 1970 में पहली बार देश में आम चुनाव करवाए, जिसमें ये बात सामने आई कि पाकिस्तान की बंगाली जनता ने खुलकर अवामी लीग के पक्ष में भारी मतदान किया और ये बात फौजी हुकूमत को नामंज़ूर थी क्योंकि ये पार्टी न केवल केन्द्र की सरकार का विरोध कर रही थी बल्कि ज़्यादा क्षेत्रीय स्वायत्ता की मांग कर रही थी, सेक्युलरिज़्म के हक़ में थी और भारत के साथ सामान्य संबंधों की वकालत कर रही थी। चूंकि पूर्वी पाकिस्तान में पाकिस्तान की एक बड़ी आबादी बसती थी, लिहाजा वहां पर अवामी लीग की ज़बरदस्त जीत ने उसे नए केंद्रीय सदन में भी बहुमत दे दिया। फौज ने बंगाली नेताओं के हाथ में सत्ता देने से इनकार कर दिया जिसके बाद पूर्वी पाकिस्तान के लोग खुले तौर पर बगावत पर उतारू हो गए और सेना ने बंगालियों को दबाने के लिए ताकत का इस्तेमाल शुरू कर दिया।

भारत ने बंगाली लोगों का साथ दिया, जिसके पीछे बड़ी तादाद में सरहद पार से भागकर आ रहे शरणार्थियों का हवाला दिया गया।

पाकिस्तान ने भारत पर बंगालियों का समर्थन करके पाकिस्तान को तोड़ने का आरोप लगाया। संख्या में कम होने और मुख्यालय से अलग-थलग पड़ जाने के चलते पाकिस्तान की ईस्टर्न कमांड ने भारत और बांग्लादेश की संयुक्त सेना के सामने दिसंबर 1971 में हथियार डाल दिए और 93000 पाकिस्तान सैनिक युद्धबंदी बना लिए गए। पाकिस्तान के पास अब सिर्फ़ उसका पश्चिमी भूभाग रह गया जब भारत की तरह ही दुनिया के तमाम देशों ने नए देश बांग्लादेश को मान्यता दे दी।

अगर एक बिना किसी नतीजे की जंग दोनों ही देशों के हुक्मरानों को उनकी दुश्मनी को भुला दिए जाने की ज़रूरत को समझाने में नाकामयाब रही तो क्या एक निर्णायक जंग जिसने एक पक्ष को करारी हार दी और दूसरे को शानदार जीत, वो इस मकसद में सफल हो सकी? भारत को लगा कि एक पराजित और अपमानित पाकिस्तान जिसके पास अब उसकी ज़मीन का आधा हिस्सा और आधे से भी कम जनता बची है वो ज़्यादा नरम और कम युद्धोन्मादी होगा। लेकिन ज़ुल्फिकार अली ने, जिन्होंने अगले पांच साल तक पाकिस्तान की ग़ैरफौजी सरकार चलाई, दोस्ताना संबंधों की ज़िम्मेदारी भारत के ऊपर डाल दी। उन्होंने ढाका में पाकिस्तानी सेना के हथियार डालने के दो दिन बाद और वहां से वापस सत्ता संभालने के लिए पाकिस्तान रवाना होने से पहले अमेरिकी विदेशमंत्री विलियम रोजर्स से कहा, भारत को ज़्यादा उदारता दिखानी चाहिए।

भुट्टो चाहते थे कि भारत ये समझे कि 'जो कुछ भी हुआ' उससे पाकिस्तान की जनता को बाहर लाने के लिए उन्हें वक्त चाहिए था। यहां तक कि पाकिस्तान की हार के समय भी भुट्टो का भारत विरोधी राष्ट्रवाद यथार्थ से कोसों दूर था। वो चाहते थे कि पाकिस्तान के लिए बेइज़्ज़ती भरे इस वक्त में भारत नरमदिली से काम ले और उन्होंने ऐलान कर दिया कि पाकिस्तान के साथ बातचीत के समय भारतीयों में दूरदृष्टि की कमी थी। भारत के लिए उन्होंने कहा कि, 'उनके पास एक सुनहरा मौका था कि वो पाकिस्तान के साथ मेल-मिलाप कर लें या फिर हमेशा के लिए पाकिस्तान के कट्टर दुश्मन बन जाएं। ठीक उसी तरह से जैसे रोम और कार्थेज थे'। उन्होंने भविष्यवाणी कर दी कि अगर भारत सुलह करने का ये मौका चूक गया तो उसके लिए हमेशा दिलों में नफरत रहेगी, ज़बरदस्त तहलका मचल जाएगा और भीषण रक्तपात हो जाएगा। यहां पर मेल-मिलाप और सुलह का सिर्फ़ एक ही मतलब था कि पाकिस्तान की मांगें मान ली जाएं भले ही जंग के मैदान में पाकिस्तान निर्णायक तौर पर हार गया हो।

इतना ही नहीं बचे हुए पाकिस्तान की सत्ता संभालने के कुछ ही दिनों के भीतर भुट्टो ने फिर से पाकिस्तान की सेना को खड़ा करने का काम शुरू कर दिया था। ये सब करके उन्हें उम्मीद थी कि वो पाकिस्तान के फौजी जनरलों का विश्वास हमेशा के लिए जीत लेंगे और भविष्य में

किसी तख्तापलट की संभावना को खत्म कर देंगे, ये एक ऐसी उम्मीद थी जो कभी परवान नहीं चढ़ी।

भुट्टो एक बड़े ही चमत्कारिक, बुद्धिमान, पढ़े-लिखे नेता होने के साथ ही शानदार वक्ता थे। पाकिस्तान की सियासत में वो ऐसे शख्स बन गए थे जिनसे या तो लोगों को ज़बरदस्त मोहब्बत थी या फिर बेइंतहा नफरत। जिसे उनके समर्थक नम्रता और व्यावहारिकता के तौर पर देखते थे, उसने उनके आलोचक अनैतिकता और अवसरवादिता मानते थे। उनके चाहने वाले उनके ज़बरदस्त हौसले के मुरीद थे जिसे उनके विरोधी अहंकार करार देते थे। एक राजनीतिक रूप से सक्रिय ज़मींदार सिंधी परिवार के उत्तराधिकारी के तौर पर पैदा हुए भुट्टो आज़ादी के आंदोलन को देखते हुए बड़े हुए थे। उनके पिता सिंध सूबे के प्रमुख और जूनागढ़ के राजा के दीवान रह चुके थे। मुंबई में पढ़ रहे उस वक्त के तमाम मुस्लिमों की तरह भुट्टो को भी जिन्ना का दो राष्ट्रों का सिद्धांत पसंद आ गया था और वो उच्च शिक्षा के लिए ऑक्सफोर्ड और यूनिवर्सिटी ऑफ कैलीफोर्निया, बर्कले जैसी जगहों पर जाते वक़्त भी उन्हीं विचारों से ओत-प्रोत थे।

ठीक जिन्ना और उनकी उम्र के दूसरे पाकिस्तानियों की तरह भुट्टो सांस्कृतिक तौर पर तो उदार विचारों के थे लेकिन राजनीतिक तौर पर उनकी सोच धार्मिक राष्ट्रवाद तक ही सिमटी हुई थी। अयूब खान के

सैनिक शासन में एक मंत्री के तौर पर काम करते हुए उनकी पहचान ऐसे इंसान के तौर पर थी जो कि कश्मीर पर कब्ज़े के लिए हमला किए जाने के कट्टर समर्थक थे और उन्हें भारत विरोधी के तौर पर भी जाना जाता था। ये अपने आप में बड़ी विडंबना थी कि बांग्लादेश का युद्ध हारने के बाद भुट्टो को ही भारत के साथ बातचीत करने का ज़िम्मा उठाना पड़ा था।

जब 1972 में शिमला में भारतीय प्रधानमंत्री इंदिरा गांधी और भुट्टो की मुलाकात हुई तो ये बराबरी के लोगों की बातचीत तो कतई नहीं कही जा सकती थी। भुट्टो को पाकिस्तान के हज़ारों युद्धबंदियों की रिहाई के लिए गुज़ारिश करनी थी तो वहीं पाकिस्तान की 5139 वर्गमील जो युद्ध के बाद भारत के कब्ज़े में थी, उसे भी वापस लेने का रास्ता निकालना था तो वहीं बांग्लादेश की हार को भुलाने का भी तरीका खोजना था। भारत के नज़रिए से देखें तो ये ऐसा मौका था जब जम्मू-कश्मीर का मसला हमेशा के लिए सुलझाया जा सकता था और पाकिस्तान की भारत की बराबरी करने की हसरतों को हमेशा के लिए खत्म करने पर मजबूर किया जा सकता था।

भुट्टो ने इंदिरा गांधी से कहा कि पाकिस्तान के मौजूदा सियासी हालात उन्हें कश्मीर मसले को हमेशा के लिए सुलझाने वाले किसी समझौते पर दस्तख़त की इजाज़त नहीं देते और पाकिस्तान की फौज

बुरी तरह हारने के बावजूद 'कभी युद्ध न करने' जैसे किसी प्रस्ताव को स्वीकार नहीं करेगी। उन्होंने तर्क दिया कि इससे पाकिस्तान में सांप्रदायिक ताकतें और मजबूत होंगी और वो उन पर पूर्वी पाकिस्तान के साथ ही कश्मीर भी हार जाने का आरोप लगाएंगी। भुट्टो ने बीच का रास्ता निकालने के लिए मिन्नतें कीं और कहा कि भारत-पाकिस्तान के बीच तनाव कम करने का काम बाद में सिलसिलेवार तरीके से किया जाएगा। वो कुछ सालों के बाद सियासी तौर पर और मज़बूत होकर पक्का लौटेंगे ताकि झगड़े की जड़ों को खत्म किया जाए।

भुट्टो ने बाद में शिमला समझौते के दौरान कश्मीर पर पूरी तरह दावा छोड़ते हुए आत्मसमर्पण करने से पाकिस्तान को बचाने का सेहरा भी अपने सर बांध लिया।[30] अपने कुछ अधिकारियों की सलाह के खिलाफ जाकर भी इंदिरा गांधी ने भुट्टो का तर्क मान लिया। हालांकि उन्हें भुट्टो पर यकीन नहीं था लेकिन बाद में आ सकने वाली किसी फौजी हुकूमत के मुकाबले भुट्टो ही उन्हें ठीक लगे। भारत को पाकिस्तान में अंदरूनी उठापटक या फिर उसके बिखराव की सूरत ठीक नहीं लगी जिसका असर ज़ाहिर तौर पर पड़ोसी देशों पर भी होता। समझौता ये हुआ कि ऐलान कर दिया जाए कि 'दोनों ही देश अपने मसलों को शांतिपूर्ण तरीकों से द्विपक्षीय बातचीत से' सुलझाना चाहते हैं। इसने सफलतापूर्वक तरीके से युद्ध की संभावना को समाप्त कर दिया।

जम्मू-कश्मीर में युद्धविराम की सीमा को ही लाइन ऑफ कंट्रोल यानी नियंत्रण रेखा घोषित कर दिया गया। भारतीय पक्ष ने इसका यह मतलब लगाया कि मौजूदा नियंत्रण के इलाके ही कानूनी तौर पर कब्ज़े के इलाके हो गए। पाकिस्तान के युद्धबंदी घर लौट आए और फिलहाल एक बड़ी सेना का हिस्सा बनकर और अपने-अपने पदों पर वापस लौटकर उन्होंने पूर्वी पाकिस्तान की हार का बदला लेने की कसम खानी शुरू कर दी। पाकिस्तान ने जंग में भले ही अपनी आधी ज़मीन खो दी थी लेकिन उनकी सेना का आकार लगातार बढ़ता रहा। वहीं दूसरी ओर भारत में पाकिस्तान को जंग में मात देने की खुशी ने एक ऐसे अभिमान को पैदा कर दिया जिसने दीर्घकालिक शांति की तैयारियों पर विराम लगा दिया। 1977 आते-आते पाकिस्तान में एक बार फिर से फौजी हुकूमत लौट चुकी थी और एक दिखावटी मुकदमे के बाद 1979 में भुट्टो को फांसी दे दी गई। न तो भारत और पाकिस्तान के रिश्तों में वैसा सुधार आया जैसा कि इंदिरा गांधी को उम्मीद थी और न ही भुट्टो अपना वादा पूरा करने के लिए वापस लौट सके।

दोनों ही देश अपने संबंधों की इबारत फिर से लिखने का एक और मौका गंवा चुके थे। आज़ादी के महज 25 सालों के भीतर ही दोनों ही देशों ने अपने रिश्ते ज़रूरत से ज़्यादा खराब कर लिए थे। पाकिस्तान की तरफ देखें तो विभाजन के बाद के जिन्ना के आशावाद को पाकिस्तानी

हुक्मरानों की सनक ने मिट्टी में मिला दिया था जिन्हें इस बात से भी जूझना पड़ा था कि उनके हिस्से में उनकी क्षमता से कहीं ज़्यादा बड़ा ब्रिटिश भारत की फौज का हिस्सा आ गया था। उधर भारत में पाकिस्तान के प्रति दरियादिल होने की महात्मा गांधी की अपील का सिला पटेल की आक्रामकता और नेहरू के दोहरे रवैए के रूप में सामने आया। कश्मीर एक ऐसी झगड़े की जड़ बनकर के सामने आया जिसने नीतियां तय करने में पाकिस्तान की सेना की भूमिका को और मज़बूत कर दिया।

1965 और 1971 में दो जंग लड़ने के बाद पाकिस्तान ने अपना पूर्वी भाग खो दिया। लेकिन भारत के बराबर होने की अपनी महत्वाकांक्षा पर लगाम लगाने के बजाए इन पराजयों ने भारत विरोधी भावना को प्रबल कर दिया। शिमला समझौते के दौरान इंदिरा गांधी के जेहन में ये बात रही होगी कि वह उदार ह्रदय से विजेता की तरह अपने प्रतिद्वंद्वी पक्ष से मिलें पर पाकिस्तानियों के लिए कश्मीर समस्या को सिरे से खत्म करने का दबाव न होना उनके लिए इस विवाद को जीवित रखने का बहाना बन गया।

भारत अब भी पाकिस्तानियों को यह विश्वास नहीं दिला सका है कि पूर्वी पाकिस्तान का, जो बाद में बांग्लादेश बना, भारत में विलय न करना या फिर हार चुकी पाकिस्तानी सेना के खिलाफ पश्चिमी पाकिस्तान में युद्ध न करना भारत द्वारा पाकिस्तान को एक पड़ोसी के

तौर पर मान्यता देने की भावना के तहत किया गया था। एक दूसरे को किसी दुश्मन की बजाए पड़ोसियों की तरह देखने का नज़रिया ही उस रिश्ते के लिए सबसे ज़्यादा व्यावहारिक हुआ होता जिसे सिर्फ़ सनक भरे तरीकों से निभाया जाता रहा।

2

'पाकिस्तान के गले की नस है कश्मीर'

सितंबर 2015 में जब पाकिस्तान के प्रधानमंत्री नवाज़ शरीफ़ ने संयुक्त राष्ट्र महासभा में भाषण दिया तो उन्होंने वही सब दोहराया जो सभी पाकिस्तानी नेता संयुक्त राष्ट्र संघ को साल दर साल बताते आए थे। शरीफ़ ने कहा, '1947 से कश्मीर विवाद अनसुलझा है।' शरीफ़ ने अपने भाषण में भावनाओं का जमकर इस्तेमाल करते हुए कहा कि 'कश्मीरियों की तीन पीढ़ियों ने सिर्फ़ वादाख़िलाफ़ी और क्रूर दमन देखा है।'

शरीफ़ का भाषण पाकिस्तान की मीडिया की सुर्खियां बन गया लेकिन शायद ही दुनिया के किसी और कोने में इसका ज़िक्र तक हुआ हो। संयुक्त राष्ट्र के 193 सदस्यों में नवाज़ शरीफ़ कश्मीर के बारे में बोलने वाले अकेले वक्ता थे। यह स्थिति इतिहास से कहीं अलग थी, अकेले राग अलापने जैसी। 1948 में जब भारत ने संयुक्त राष्ट्र संघ में पहली बार कश्मीर में घुसपैठ कर रहे पाकिस्तानी सशस्त्र घुसपैठियों का मुद्दा उठाया था तब भी संयुक्त राष्ट्र के 58 सदस्य देशों ने पाकिस्तानी नज़रिए का समर्थन किया था। संयुक्त राष्ट्र सुरक्षा परिषद ने एक प्रस्ताव पारित कर जम्मू-कश्मीर में जनमत संग्रह तक की बात की थी। यह नज़रिया पाकिस्तान के नज़रिए से मेल खाता था कि जम्मू-कश्मीर के लोगों को मुल्क और शासन चुनने की आज़ादी हो। लेकिन समय के साथ इस विवाद में अंतर्राष्ट्रीय दिलचस्पी लगातार कम होती गई। संयुक्त राष्ट्र परिषद ने अंतिम बार कश्मीर में जनमत संग्रह का प्रस्ताव 1957 में पारित

किया था, जब संयुक्त राष्ट्र संघ की कुल सदस्य संख्या 82 थी। इस पूरी घटना और कश्मीर समस्या के ना तो हल होने और ना ही ठंडे बस्ते में डाले जाने, दोनों ही बातों के लिए ज़िम्मेदार पाकिस्तान ही है जिसने भावुकता को हमेशा रणनीति पर हावी होने दिया है।

पाकिस्तानी जम्मू-कश्मीर पर सही और गलत का फैसला भावनात्मक रूप से देते हैं। उनकी सोच में न तो रणनीति होती है, न राजनीति। पाकिस्तानियों के लिए यह बंटवारे का अनसुलझा रह गया एक पहलू है और भारत और पाकिस्तान के बीच सबसे 'अहम मुद्दा'। पाकिस्तानी लेखक एम.एम.आर. खान ने 1955 में लिखा था कि 'पाकिस्तान के लिए कश्मीर भारत के डर और विश्वासघात का मानवीकरण है।' खान का तर्क था कि 'भारत बंटवारे को कभी अच्छी भावना से नहीं देख पाया और कश्मीर का भारत में विलय बंटवारे को खत्म करने की कोशिश करने जैसा है।' कश्मीर का अस्तित्व पाकिस्तान के मूल विचार से इस तरह से घुल-मिल गया है कि अतीत में भी और वर्तमान में भी पाकिस्तानी पक्ष इस विषय को गैर रणनीतिक, बेचैनी और अकुशलता के साथ ही निबटाता रहा है। भारत ने हर बार कश्मीर में सही तरीके से व्यवहार नहीं किया है, खासकर जब क्रूर सैनिक गतिविधियों और मानवाधिकार उल्लंघनों की बात हो। वहीं पाकिस्तान ने भी हमेशा इस समस्या को निबटाने के लिए दकियानूसी रवैया ही अख्तियार करने की गलती की है।

एक पूर्व पाकिस्तानी सेना प्रमुख ने मुझसे एक अनौपचारिक व्यक्तिगत बातचीत में यह माना था कि इतना समय, संसाधन और शक्ति लगाने के बाद भी पाकिस्तानी इस कटु सत्य को अब तक अपना नहीं सके हैं कि कश्मीर की समस्या फिलहाल सुलझने वाली नहीं है। पाकिस्तानियों ने अपने सबसे करीबी मित्र रहे चीनी राष्ट्रपति ज़ियांग ज़ेमिन की 1996 में पाकिस्तानी संसद को दी गई सलाह को भी नज़रअंदाज़ किया है जिसमें ज़ेमिन ने कहा था, 'अगर कुछ मुद्दों को फिलहाल सुलझाया नहीं जा सकता तो उन्हें ठंडे बस्ते में डाल देना चाहिए जिससे दो राष्ट्रों के बीच सामान्य संबंधों के रास्ते पर आगे बढ़ा जा सके।'

पाकिस्तान की गैर रणनीतिक सोच ने इस मुद्दे पर पाकिस्तान के प्रति उभरी हमदर्दी को लगातार कम किया है और भारत के पक्ष को लगातार मज़बूत किया है जिससे दो देशों के बीच वार्ता करीब करीब नामुमकिन सी बन गई है।

पाकिस्तान ने 1948 से 1963 के बीच अंतर्राष्ट्रीय दबाव का इस्तेमाल किया, 1965 में युद्ध छेड़ा, सशस्त्र विद्रोह को 1989 से 2002 तक लगातार भड़काया और 1999 में कारगिल के ज़रिए सेना और घुसपैठियों का इस्तेमाल कर वास्तविक नियंत्रण रेखा को बदलने की नाकाम कोशिश की। पाकिस्तान ने भारत के खिलाफ जिहादी आतंकवाद को भी समर्थन दिया जिसकी बड़ी कीमत उसे खुद चुकानी पड़ रही है। इसके साथ ही

अंतर्राष्ट्रीय समुदाय का इस विषय पर फिर से ध्यान आकर्षित करने की भी लगातार कोशिशें जारी रहीं।

ये सारी कोशिशें अब भी कामयाबी से काफी दूर दिखाई देती हैं। 1948 में हुए युद्ध विराम में जम्मू-कश्मीर का 35 फीसदी हिस्सा पाकिस्तान के कब्ज़े में आया जबकि 48 फीसदी हिस्सा भारत के अख्तियार में है। (बाकी बचा हिस्सा विवादित और चीन के कब्ज़े में है।) तब से पाकिस्तानी कोशिशों के बावजूद हिस्सेदारी में कोई बदलाव नहीं आ सका।

अगर बारीकी से भारत-पाकिस्तान के इस संघर्ष का विश्लेषण करें तो कश्मीर इसका कारण नहीं, लक्षण दिखाई देता है। अगर बंटवारे का व्यावहारिक मकसद मुस्लिम बहुल पाकिस्तान और हिंदू बहुल भारत बनाना था तो पाकिस्तान जम्मू-कश्मीर को भारत के हिस्से के तौर पर हज़म नहीं कर सकता जिसमें आबादी का बहुसंख्यक वर्ग मुस्लिम है। पाकिस्तान को लगता है कि द्विराष्ट्र सिद्धांत तब तक पूरा नहीं होगा जब तक मुस्लिम बहुल कश्मीर पाकिस्तान का हिस्सा नहीं हो जाता। यहां यह भी उतना ही महत्वपूर्ण है कि भारत धर्म के आधार पर इस उप महाद्वीप में किसी भी तरह के बंटवारे का विरोध करे।

अगर मुस्लिम लीग ने पाकिस्तान की आज़ादी की सही तैयारी की होती तो कश्मीर का मुद्दा कभी सर ही न उठाता। ब्रिटिश प्लान के मुताबिक रियासतों के राजाओं को ब्रिटिश राजशाही से मुक्त कर दिया

गया था। चेंबर आफ प्रिंसेज़ को संबोधित करते हुए माउंटबेटन ने कहा था कि हालांकि वे तकनीकी तौर पर आज़ाद है पर 'उन्हें नए बन रहे दो राष्ट्रों में से उनसे संबंध बनाने चाहिए जो उनके सबसे निकट हों'। कांग्रेस ने तुरंत ही आज़ाद हुए राजाओं से उनके भारत में शामिल होने पर बातचीत शुरू कर दी। स्वतंत्रता दिवस से काफी पहले ही नेहरू ने ब्रिटिश वायसराय से भी इन बातचीत में समर्थन करने और उसे मूर्त रूप दिलाने में मदद मांग ली थी। वहीं दूसरी तरफ मुस्लिम लीग ने कोई तैयारी नहीं की थी।

करीब 562 रियासतों में सिर्फ़ 6 ने भारत में विलय से संकोच दिखाया था। ट्रावनकोर और भोपाल ने, जिसमें एक के राजा हिंदू थे और दूसरे के मुस्लिम और दोनों की बहुसंख्यक आबादी हिंदू थीं, भारत विलय से पहले कुछ वाद-विवाद किया था। हिंदू बहुसंख्यक आबादी वाले जोधपुर ने, जिसकी सीमाएं भारत और पाकिस्तान से मिलती थी, पहले कुछ समय तो जिन्ना के प्रस्ताव पर गौर किया और पाकिस्तान में विलय करने के प्रति नरमी दिखाई, बाद में यह मान गया कि उसका राज्य मूलत: भारत का ही अंग है। वहीं दूसरी तरफ जूनागढ़ के हिंदू बहुसंख्यक आबादी वाले मुस्लिम नवाब ने इस बात को नज़रअंदाज़ करते हुए कि उसका हिंदू आबादी की बहुलता वाला छोटा सा राज्य हर तरफ से भारत से घिरा है, घोषणा कर दी कि वो पाकिस्तान में विलय करेगा। उसकी

प्रजा ने उसे रियासत से बेदखल कर राज्य से बाहर निकाल दिया।

दो बड़ी रियासतें इस मामले में एक दूसरे का अक्स बन गईं कि उनके राजा के धर्म अपनी रियासत की बहुसंख्यक आबादी के प्रजा से जुदा थे। पहली उस समय की सबसे अमीर और बड़ी रियासत हैदराबाद। यहां के निज़ाम ने अपनी बहुसंख्यक हिंदू आबादी की भावनाओं के विरुद्ध सोचा कि वो अपनी आज़ादी और पाकिस्तान से अपने करीबी रिश्ते बनाकर रख सकेंगे। और दूसरे थे जम्मू-कश्मीर के हिंदू शासक महाराजा हरि सिंह, उन्हें भी लगा कि वो अपनी बहुसंख्यक मुस्लिम आबादी वाली प्रजा के राज्य को एक स्वतंत्र राज्य या देश की तरह चला सकेंगे जिसके संबंध भारत और पाकिस्तान दोनों से ही मधुर हों। हरि सिंह ने पाकिस्तान से यथास्थिति बनाए रखने का समझौता किया जिससे उन्हें बातचीत करने के लिए समय मिल सके। भारत ने इस तरह के किसी समझौते पर हस्ताक्षर से मना कर दिया। ऐसे में पाकिस्तान महाराजा से बातचीत करने के लिए कहीं बेहतर स्थिति में था।

मुस्लिम लीग के नेतृत्व ने अगर चीज़ों को सही ढंग से सोचा होता तो उन्हें जूनागढ़ के विलय के बारे में बात ही नहीं करनी चाहिए थी, न ही महाराजा जोधपुर को पाकिस्तान विलय का न्योता देना चाहिए था। इसी तरह हैदराबाद द्विराष्ट्र सिद्धांत के तहत भारत में चला गया बावजूद इसके कि वहां पर मुस्लिम नवाब था और वहां की मुस्लिम रवायतों का एक

शानदार अतीत था। जिन्ना ने हैदराबाद के बारे में माउंटबेटन से कहा था कि 'अगर कांग्रेस हैदराबाद पर कोई दबाव बनाती है तो पूरे भारत का मुसलमान, यानी पूरे भारत का 10 करोड़ मुसलमान भारत के सबसे पुराने मुस्लिम राजवंश को बचाने के लिए एक होकर विरोध करेगा।' ऐसा लगता था कि मुस्लिम लीग के नेतृत्व में कहीं न कहीं रणनीति बनाने की दूरदृष्टि नहीं थी। उन्होंने हर जगह वही रुख अपनाया जो उन्हें भावनात्मक रुप से सही दिखा जिसके चलते कश्मीर पर संघर्ष की नौबत आई।

विडंबना यह थी कि कश्मीर को लेकर कांग्रेस नेतृत्व में ही दो मत थे और अगर मुस्लिम लीग ने बंटवारे से ऐन पहले रियासतों पर ज़्यादा ध्यान दिया होता तो पाकिस्तान को जम्मू-कश्मीर हासिल करने में बहुत कम दुश्वारियां पेश आतीं। इतिहासकार रामचंद्र गुहा के मुताबिक नेहरू हमेशा से यह चाहते थे कि कश्मीर भारत का हिस्सा बने पर एक समय ऐसा भी था जब पटेल कश्मीर को पाकिस्तान के साथ जाने देने पर भी राज़ी दिख रहे थे। पटेल ने अपना यह रुख 13 सितंबर 1947 को पूरी तरह बदल दिया जिस दिन पाकिस्तानी सरकार ने जूनागढ़ के पाकिस्तान में विलय को स्वीकार कर लिया। अगर पाकिस्तान मुस्लिम शासक के हिंदू बहुसंख्यक आबादी वाले जूनागढ़ के पाकिस्तान में विलय को स्वीकार कर मान्यता दे सकता है तो भारत क्यों नहीं मुस्लिम

बहुसंख्यक आबादी वाले हिंदू शासक की रियासत को भारत में शामिल नहीं कर सकता?

रियासतों के साथ अपने उलझे हुए रिश्तों को सुलझा पाने की योजना की कमी के चलते पाकिस्तान ने जम्मू-कश्मीर को आज़माए हुए नुस्खे से अपनाने की कोशिश की। उस समय ब्रिटिश अफसरों की कमान में चल रही पाकिस्तानी सेनाओं ने कश्मीर के महाराजा को अपदस्थ या प्रताड़ित करने से इनकार कर दिया। लिहाजा मुस्लिम लीग के नेताओं ने पाकिस्तान सेना के मुस्लिम अफसरों की मदद से कबीलाई लश्कर तैयार किया। यह लश्कर अफगानिस्तान के सीमा पर लगे कबीलाई इलाकों के ज़रिए तैयार किया गया था। इस लश्कर के कश्मीर पर आक्रमण ने कश्मीर के महाराजा को भारत के साथ 26 अक्टूबर 1947 में विलय पत्र पर हस्ताक्षर करने को मजबूर कर दिया। इसके बाद भारतीय सेना को कश्मीर में उतरने का वैधानिक हक़ मिल गया। पाकिस्तान तब से ही इस विलय का विरोध करता रहा है।

अगर अमेरिकी और दूसरे अंतरराष्ट्रीय समुदाय की बात की जाए तो पहले संयुक्त राष्ट्र के ज़रिए और अब द्विपक्षीय बातचीत के ज़रिए वे लोग इस जटिल समस्या के हल की वकालत करते रहे हैं। संयुक्त राष्ट्र सुरक्षा परिषद ने अपने संयुक्त राष्ट्र भारत पाकिस्तान आयोग के ज़रिए 21 अप्रैल 1948 को एक प्रस्ताव पारित कर कश्मीरी लोगों की इच्छा जानने के लिए

जनमत संग्रह का आह्वान किया। इसी आयोग ने 13 अगस्त 1948 को प्रस्ताव को और वृहद रूप देकर युद्धविराम, शांति समझौते और प्रस्तावित जनमत संग्रह को भी इसमें शामिल कर लिया। जनमत संग्रह की इसी धारणा को 5 जनवरी 1949 को आयोग के एक प्रस्ताव में फिर दोहराया गया, इसके बाद तो संयुक्त राष्ट्र सुरक्षा परिषद ने अमरीकी फ्लीट एडमिरल चेस्टर डब्ल्यू. निमिट्स को 14 मार्च 1950 को जनमत संग्रह प्रशासक नियुक्त कर दिया था।

जहां पाकिस्तान कश्मीरी लोगों को आत्मनिर्णय का अधिकार देने की दुहाई देकर अंतरराष्ट्रीय समुदाय में जनमत बनाने के लिए अपील कर रहा था वहीं भारत राज्य के उन इलाक़ों पर अपनी पकड़ मज़बूत कर रहा था जो उसे 1948 में प्रथम कश्मीर युद्ध में हासिल हुए थे।

नेहरू ने महाराजा हरि सिंह के विलय पत्र को वैधता प्रदान करने के लिए कश्मीर के सबसे महत्वपूर्ण राजनैतिक व्यक्ति शेख अब्दुल्ला और उनकी पार्टी आल जम्मू एंड कश्मीर नेशनल कॉन्फ्रेंस का समर्थन हासिल करने का विचार बनाया। जम्मू-कश्मीर की विधानसभा ने विलय पत्र को 1952 में संशोधित कर दिया। भारतीय संविधान में बदलाव कर जम्मू-कश्मीर के लिए विशेष प्रावधान कर इसे भारत के अभिन्न अंग के तौर पर स्थापित कर दिया गया और भारत ने इसे अपना अभिन्न अंग मानना शुरू कर दिया।

दस वर्ष बाद, भारत-चीन युद्ध ने भारत को अमरीका के करीब ला दिया। 1962 में अक्साई चीन और भारत की पूर्वोत्तर सीमा पर चीन के साथ युद्ध के तुरंत बाद राष्ट्रमंडल मामलों के ब्रिटिश मंत्री डंकन सैंडीज़ और सुदूर पूर्वी मामलों के अमरीकी सहायक सचिव ए. ऐवरेल हैरीमैन ने क्षेत्र की यात्रा के दौरान कश्मीर पर बिना शर्त वार्ता करने का भारत-पाकिस्तान को प्रस्ताव दिया। जनरल अयूब ने नेहरू से सीधी वार्ता के प्रस्ताव को तो खारिज कर दिया लेकिन दोनों देशों के कैबिनेट स्तर के प्रतिनिधियों के बीच मुलाक़ात को रज़ामंदी दे दी।

हैरीमैन ने बाद में ज़िक्र किया कि सैंडीज़ और उन्होंने जनरल अयूब को यह स्पष्ट बता दिया था कि कश्मीर में पाकिस्तान की जनमत संग्रह की मांग को पूरा नहीं किया जा सकता और भारत के हिस्से की कश्मीर घाटी को पाकिस्तान को हस्तांतरित नहीं किया जा सकता। लेकिन भारतीय पक्ष ने भी यह समझा कि उन्हें वर्तमान युद्ध विराम सीमा से कहीं ज़्यादा ढील देनी होगी। जनरल अयूब ने अमरीकियों को बता दिया था कि वे कश्मीर के मुद्दे पर एक हल तक पहुंच सकते हैं अगर तीन बातों का ध्यान रखा जाए: पहली, कश्मीर के लोगों का उनके मुस्तकबिल में हिस्सा, दूसरी पाकिस्तान का कश्मीर में दखल और तीसरी, भारत का क्षेत्र में दखल।

वर्ष 1959 में जनरल अयूब ने अमरीकी राष्ट्रपति आइज़नहावर को

स्पष्ट बता दिया था कि 'कोई भी हल जो इन तीन बातों का ध्यान रखता है, उन्हें मंज़ूर होगा।'

उन्होंने कहा कि 'जनमत संग्रह की बात सबसे उपयुक्त है लेकिन अगर यह संभव नहीं है तो वह इन तीन बातों का ध्यान रखते हुए किसी भी विकल्प पर विचार करने को स्वतंत्र हैं।'

भारत ने वार्ताकार के तौर पर तत्कालीन रेल मंत्री स्वर्ण सिंह को नियुक्त किया जो एक मिलनसार और ठंडे दिमाग के सिख राजनेता के तौर पर प्रसिद्ध थे। वहीं पाकिस्तान ने अपने प्रतिनिधि के तौर पर ज़ुल्फिकार अली भुट्टो को चुना जो उस समय पाकिस्तान में प्राकृतिक संपदा के मंत्री के तौर पर कार्यरत थे। दिलचस्प बात यह है कि ये दोनों वार्ताकार बाद में अपने-अपने देशों के विदेश मंत्री भी बने। वार्ता के 6 दौरों के मध्य भारत ने युद्ध विराम रेखा में बदलाव का प्रस्ताव दिया जिससे पाकिस्तान को 1500 वर्गमील और कश्मीरी भूमि मिल रही थी लेकिन पाकिस्तान ने इसे ठुकरा दिया क्योंकि उसका मानना था कि ऐसा करने से कश्मीर की ज़्यादातर मुस्लिम आबादी अब भी भारतीय शासन के अंतर्गत ही रहने वाली थी। ब्रिटेन और अमरीका ने मध्यस्थता का प्रस्ताव किया लेकिन भारत ने उसे ठुकरा दिया।

1962-63 में हुई इस वार्ता के एक वर्णन के मुताबिक भारतीय पक्ष ने क्षेत्रीय समायोजन और सीमा के निर्धारण के लिए तीन अलग-अलग

नक्शे पेश किए थे। पाकिस्तान को 1500 वर्ग मील देने का प्रस्ताव करने के बाद भारतीय प्रतिनिधिमंडल ने पाकिस्तानी वार्ताकारों से पूछा कि वे इस नक्शे में कैसा बदलाव चाहते हैं। भुट्टो ने पेश किए गए नक्शे को झुककर देखा और कश्मीर-हिमाचल सीमा पर स्थित कठुवा के छोटे-से कस्बे की तरफ अपनी उंगली इशारा करते हुए कहा कि आप कश्मीर का यह हिस्सा ले लीजिए। बाकी सारा कश्मीर हमारा है।' करीब आधी सदी बीत गई पर पाकिस्तान का नज़रिया बिना किस बदलाव के वहीं का वहीं अटका है।

कश्मीर के बारे में कोई दो राय नहीं कि पाकिस्तानी ये मानते हैं कि 'कश्मीर पाकिस्तान के गले की नस है।' कहा जाता है कि यह वाक्य जिन्ना का है जो उन्होंने बंटवारे के समय कहा था। आज यह वाक्य हर पाकिस्तानी बच्चे को स्कूल से लेकर घर तक इसे कंठस्थ कराया जाता है। हाल में तो जनरल परवेज़ मुशर्रफ़ ने एक और बहुत ही विख्यात बयान दिया कि 'कश्मीर हमारे खून में है'। लेकिन यह अवधारणा या फिर पाकिस्तान का यह दावा सिवाए बयान के आगे कभी भी किसी शानदार रणनीति या फिर सोची-समझी ज़मीनी हक़ीकत वाली कार्ययोजना तक का अमली जामा नहीं पहन सका। उल्टे इसे लेकर बनाई गई रणनीतियां भारत के प्रति पूर्वाग्रह, कश्मीर पर उभरे अंतरराष्ट्रीय जनमानस के रवैए और इतिहास की सीमित समझ का नतीजा ही नज़र

आती हैं। कश्मीर का मुद्दा आते ही पाकिस्तान में पाकिस्तानी सेना हमेशा से अग्रणी भूमिका में आ जाती है। पाकिस्तान के कई विरोधाभासों में यह प्रमुख है कि कश्मीर मुद्दे पर अंतरराष्ट्रीय समर्थन हासिल करने की कोशिशों को तब से तगड़ा झटका लगा है जब से सेना 1958 से सीधे सत्ताधारी हो गई, वह भी तब जब भारत के प्रति पाकिस्तानी सोच का केंद्रबिंदु कश्मीर होता चला गया।

पाकिस्तान ने भारत से चार युद्ध किए हैं। तीन बार कश्मीर के मुद्दे पर। इनमें 1947-48 का कबायली हमला शामिल है। अयूब खान के प्रोपेगैंडा सलाहक़ार रहे अल्ताफ गौहर के मुताबिक पाकिस्तानी सेना ने हमेशा यह मान लिया कि 'भारतीय काफी कायर और अस्तव्यस्त हैं और उनके द्वारा सैन्य मोर्चों पर कोई भी चुनौती पाकिस्तान के लिए खतरा है ही नहीं। इसके अलावा पाकिस्तान को जवाब देने के लिए भारतीय बहुत कमज़ोर हैं'।

दरअसल यह धारणा जनरल अयूब की है जिसे उन्होंने पाकिस्तानी थलसेना का पहला स्थानीय कमांडर बनने के बाद ही पहली बार जाहिर कर दिया था। 1951 में अयूब का मानना था कि, 'हिंदुओं का आत्मबल बहुत कमज़ोर है और सही समय और सही जगहों पर कारगर हमले के आगे यह बहुत जल्दी बिखर जाएगा।' यह न केवल पाकिस्तानी सेना में हिंदुओं के प्रति फैले व्यापक परंपरागत दुराग्रह का प्रमाण है बल्कि इस

तथ्य को भी नज़रअंदाज़ करता है भारत की सेना बहुधर्मी है जिसमें सिख, पारसी, मुस्लिम और यहां तक की यहूदी जनरल भी हैं। 1971 में पाकिस्तानी सेना ने ढाका में जिस जनरल के सामने हथियार डाले थे वह सिख था, आत्मसमर्पण के पहले की वार्ता उन्होंने यहूदी अफसर से की थी और ये दोनों एक ऐसे सेना प्रमुख के अधीन थे, जो एक पारसी था!

कश्मीर के मुद्दे पर पाकिस्तानी सैन्य रणनीतिकारों और सैनिकों की सामरिक सोच की कमी के साथ ही इतिहास का कम ज्ञान भी उन्हें यह धारणा रखने पर मजबूर करता है कि अब भी मुस्लिम कश्मीरी इस्लामी पाकिस्तान का हिस्सा बनना चाहते है और अंतरराष्ट्रीय समुदाय अब भी अपने साठ साल पहले पास किए गए प्रस्ताव के बारे में उतना ही संजीदा है। इन्हीं धारणों के वशीभूत पाकिस्तान ने हमेशा कश्मीर पर आंशिक समझौतों को खारिज कर दिया। पाकिस्तानी सोच है कि एक दिन ऐसा होगा जब अस्थिर जम्मू-कश्मीर में हालात इतने बिगड़ जाएंगे कि राज्य से भारत की पकड़ ढीली पड़ जाएगी। इस समय अंतरराष्ट्रीय समुदाय इस अस्थिरता से निजात दिलाने के लिए भारत पर जनमत संग्रह का दशकों पुराना वादा निभाने का दबाव बनाएगा।

यही वजह है कि पाकिस्तान कश्मीर के मुद्दे पर हो-हल्ला मचाने में काफी आगे दिखता है। यानी उसके पास कश्मीर के मुद्दे पर किसी ठोस योजना की जगह सिर्फ़ वाकपटुता और शोर मचाने की योजना ही

दिखाई देती है। उदाहरण स्वरूप 1990 के दशक में जब कश्मीर घाटी में आतंकवाद का बोलबाला था उस समय भी इस्लामाबाद में रणनीतिकारों के पास अगले कदम उठाने की कोई योजना थी इसका प्रमाण नहीं दिखता। क्या यह उम्मीद थी कि भारत आतंकवादियों के हथियार डाल देगा या फिर पाकिस्तान से अपील करेगा कि वह जनमत संग्रह होने दे? इसी तरह, जब पाकिस्तानी सेना ने प्रधानमंत्री नवाज़ शरीफ़ और तत्कालीन भारतीय प्रधानमंत्री अटल बिहारी वाजपेयी के बीच शांति वार्ता तोड़ने के लिए कारगिल की पहाड़ियों पर 1999 में हमला किया तब भी उनके पास इस कारवाई के बाद की कोई भी कार्ययोजना नहीं थी।

वहीं दूसरी तरफ भारत ने इस राजनैतिक शतरंज की बिसात पर हर चाल रणनीति के तहत चली है। भारत ने एक ब्लू प्रिंट की तरह वादे किए और उन्हें तोड़ा। भारत के लिए यह एक बहस का मुद्दा हो सकता है कि कश्मीर की मुस्लिम आबादी ने 60 साल पहले जनमत संग्रह में पाकिस्तान के हक़ में फैसला सुनाया होता या नहीं। लेकिन चाहे स्वेच्छा से या बल प्रयोग कर किसी तरह भारत ने कश्मीरी आबादी को भारत का हिस्सा बना लिया है। कश्मीरियों की नई दिल्ली से बेरूखी भी इस सच को झुठला नहीं सकती कि कश्मीरियों की कई पीढ़ियां आज़ादी के बाद भारत में जन्मीं और बढ़ीं और अब उनके रिश्ते पाकिस्तान से कहीं ज़्यादा

भारत से हैं। भारत की मुद्रा पर कश्मीरी भाषा छपी है जबकि पाकिस्तान में कश्मीरी बोल सकने वाले लोग महज़ मुट्ठी भर हैं।

पहले वादा, फिर उसे टालना और अंततः संयुक्त राष्ट्र द्वारा प्रस्तावित जम्मू-कश्मीर के जनमत संग्रह को खारिज कर भारत ने एक ऐसी स्थिति उत्पन्न कर दी है जिसमें कश्मीर के भारत में विलय का विरोध पाकिस्तान के लिए बहुत मुश्किल हो गया है। 1990 के दशक में कुछ समय तक पाकिस्तान कश्मीर के लोगों की शिकायतों का फायदा उठा सकने की स्थिति में था जब कश्मीरी जनता कम प्रतिनिधित्व, 1947 में वादा किए गए विशेष दर्जे को खारिज करने और कश्मीरी नेताओं द्वारा अवाम की उपेक्षा करने जैसी शिकायतें करती थी। शुरू में कश्मीरी जनता की सहानुभूति और सहभागिता से शुरू हुई घाटी की हिंसा बाद में जेहादी समूहों के हाथ में चली गई, वे जेहादी समूह जिनमें पाकिस्तानी शामिल थे।

कश्मीर घाटी के व्यापक सैन्यीकरण और मानवाधिकार उल्लंघन को लेकर अंतर्राष्ट्रीय समुदाय में ज़बर्दस्त प्रतिक्रिया हुई थी लेकिन ये भी मद्धिम पड़ गई जब हालात बेहतर हुए और पाकिस्तान समर्थित आतंकवाद अंतर्राष्ट्रीय बिरादरी को स्पष्ट रूप से दिखने लगा। कश्मीर विवाद को अंतर्राष्ट्रीय मंच पर उठाने का पाकिस्तानी मंसूबा एक बार फिर ध्वस्त हो गया। वर्ष 2002 में अमरीकी विद्वान लिंकन ब्लूमफील्ड ने इस

समस्या पर टिप्पणी की थी 'दोनों पक्ष गलत हैं, कश्मीरी आबादी को उनके मुस्तकबिल का फैसला न करने देने के लिए भारत और आतंकवाद को जन्म देने के लिए पाकिस्तान, साथ ही दोनों पक्ष शांति रखने की जगह विवेकहीनता से काम करने के लिए दोषी हैं।'

अब कश्मीर को लेकर पाकिस्तानी दावे का ना तो कोई नैतिक आधार रह गया है और ना ही वैधानिक। पाकिस्तान के बाहर इस मुद्दे पर पाकिस्तानी कोशिशों को अब सकारात्मक प्रतिक्रिया मिलनी करीब-करीब बंद हो चुकी है। कश्मीर के नाम पर आतंक फैलाने वाले जेहादी समूह जैसे लश्कर-ए-तैय्यबा और जैश-ए-मोहम्मद के कश्मीर में बढ़ते दखल और भारत के दूसरे भागों में नागरिकों पर हमले ने पाकिस्तानी पक्ष के लिए मिल सकने वाली अंतर्राष्ट्रीय मदद का गला घोंट दिया है। भारतीय नागरिक जो अब तक कश्मीर के मुद्दे पर पाकिस्तानी नागरिकों से कम उग्र और व्यग्र थे, अब किसी भी स्थिति में इस मुद्दे पर उस देश से समझौता नहीं करना चाहते जिसे वे आतंकवाद का जनक और समर्थक मानते हैं।

वर्ष 2001 में भारतीय संसद पर लश्कर-ए-तैय्यबा के आतंकी हमले ने भारतीय और पाकिस्तानी सेनाओं को सीमा पर करीब करीब एक दूसरे के सामने ला दिया था। इसी तरह की प्रतिक्रिया को वर्ष 2008 में किसी तरह तब टाला गया जब आतंकी समूहों ने मुंबई में हमला कर नागरिकों

समेत 166 लोगों को मार गिराया था। मरने वालों में 5 अमरीकी भी शामिल थे। तत्कालीन अमरीकी विदेश सचिव हिलेरी क्लिंटन के मुताबिक भारत ने उन्हें साफ कह दिया था कि इस तरह का एक और हमला उनको कारवाई करने से रोक नहीं सकेगा। प्रधानमंत्री मनमोहन सिंह और कांग्रेस अध्यक्षा सोनिया गांधी ने हिलेरी को साफ कर दिया था कि 'पाकिस्तान के साथ संयम बरतना कितना मुश्किल होता है।' कश्मीर पर लेन-देन भारत में बहुत आम बात बन गई है क्योंकि इतिहास में भारत ने कई बार आतंकियों से नरमी बरती है। बावजूद इसके भारत को डराकर झुकाने की जेहादियों की रणनीति और पाकिस्तान से वार्ता को लेकर भारत के रुख को नरम करने में भारी विफलता मिली है, उल्टा भारत का रुख वार्ता को लेकर और दृढ़ हो गया है।

वहीं सीमा की दूसरी तरफ जेहादी समूह और धार्मिक राजनीतिक पार्टियां जो हैं उनको समर्थन करती पाकिस्तान में उन्मादी राष्ट्रवाद ज़िंदा रखे हुए है। उनकी ही देन है कि कोई पाकिस्तानी अगर भारत से कश्मीर सुलझने के पहले संबंधों को सामान्य बनाने का सुझाव देता है तो उसे राजद्रोही का तमगा दे दिया जाता है। अगर पाकिस्तान में बहस की आज़ादी होती तो शायद बहुत से लोग भारत के साथ पाकिस्तान के सामान्य रिश्तों की वकालत करते नज़र आते, बिना कश्मीर मुद्दे को सबसे पहले सुलझाने की शर्त लगाए हुए। आखिर पाकिस्तान का दोस्त

चीन ताइवान पर अपनी संप्रभुता का दावा करता है लेकिन वह यथास्थिति से भी संतुष्ट दिखता है। चीन और ताइवान के फार्मूले पर ही पाकिस्तान कश्मीर पर अपने रणनीतिक योजना बना सकता है और उसके लिए उसे कश्मीर पर अपने दावे को छोड़ना भी नहीं होगा। हालांकि पाकिस्तान में पारंपरिक सोच इस बात की गवाही नहीं देती। उसके मुताबिक ऐसा करना पाकिस्तान के बनने के वैचारिक आधार को ही झटका देने जैसा है।

कई मायनों में पाकिस्तान का कश्मीर पर कठोर रुख और कश्मीर को लेकर उफान पर रहने वाली पाकिस्तानी भावनाओं ने भारत के साथ उसके सामान्य रिश्तों की संभावनाओं पर कुठाराघात किया है। कश्मीर की पाकिस्तानी नीति कमोबेश सेना के हाथ ही होती है चाहे चुना हुआ (सिविल) प्रधानमंत्री हो या फिर सैन्य अधिकारी। जो भी राजनेता संबंधों को सामान्य बनाने की दिशा में इस स्थिति को खत्म करना चाहता है वह या तो अपना पद खो देता है या फिर वह बहुत कमज़ोर स्थिति में आ जाता है। ऐसी कमज़ोर स्थिति कि वह समझौता करने की ताकत ही खो दे जैसा कि सैन्य शासक परवेज़ मुशर्रफ़ ने किया।

जब वर्ष 2006 में भारतीय प्रधानमंत्री मनमोहन सिंह ने पाकिस्तान के साथ एक शांति, सुरक्षा और दोस्ती की संधि की बात की तो वह उस समय भारत पाकिस्तान रिश्तों पर उभर रहे विभिन्न दृष्टिकोणों को उजागर

कर रहे थे जो दिल्ली और इस्लामाबाद में एक साथ पल रहे थे। भारत के मुताबिक रिश्तों के सामान्य होने का मतलब उन मुद्दों को सुलझाना है जो पिछले 6 दशक से अनसुलझे बने हुए हैं। वहीं पाकिस्तान के लिए रिश्ते सामान्य होने का मतलब कश्मीर के मुद्दे और दूसरे विवादों को सुलझाने के बाद की स्थिति जो कि रास्ता नहीं है बल्कि मंज़िल है। इसी तरह के दूसरे विवादों से जूझ रहे देशों के अनुभव पर ध्यान दें तो स्पष्ट है कि इस तरह के विवाद में 'हल पहले' से कहीं ज़्यादा कारगर 'दोस्ती पहले' का दृष्टिकोण होता है।

शायद व्यापार और आवाजाही को कश्मीर मुद्दे का समाधान होने के बाद ही लागू करने की ज़िद पाकिस्तानी सरकार का भारत और पाकिस्तान के बीच खाई बनाए रखने का एक हथियार है। यही वजह है कि पाकिस्तान ने भारत के तत्कालीन प्रधानमंत्री मनमोहन सिंह के प्रस्ताव को कल्पनीय बताते हुए कहा था कि कश्मीर पर बिना बात आगे बढ़ाए यह उम्मीद करना कि पाकिस्तान दूसरे मुद्दों पर आगे बढ़ेगा बेमानी है। साथ ही पाकिस्तान के विदेश मंत्रालय ने यथास्थिति यानी नियंत्रण रेखा को पाकिस्तानी या कश्मीरियों के लिए अस्वीकार्य बता दिया था।

भारत कश्मीर से अलग दूसरे मुद्दों पर हालात सामान्य करना चाहता है और पाकिस्तान सबसे पहले कश्मीर मुद्दे को सुलझाने पर आमादा है, वार्ता का यही स्वरूप भारत और पाकिस्तान के बीच दशकों से चल रही

बातचीत की दुविधा को सामने लाने की सबसे बड़ी बानगी है। दरअसल किसी भी समझौता वार्ता और मोल-भाव का एक फलसफा होता है जिसमें एक पक्ष अपनी बहुत सी ऐसी मांगें रखता है जिनके बारे में वह खुद जानता है कि वे पूरी होने वाली नहीं। दरअसल वह अपनी हर ख्वाहिश की फेहरिस्त थमा देता है। वहीं उसे पता होता है कि इसमें से बहुत कम पूरी होने वाली हैं। यही वजह है कि ज़्यादातर पर्यवेक्षक और अंतर्राष्ट्रीय मामलों की समझ रखने वाले यह मानते हैं कि भारत की अधिकतम मांग होगी कि पाकिस्तान कश्मीर पर अपना दावा छोड़ दे और न्यूनतम मांग होगी कि कश्मीर पर मौजूदा लाइन ऑफ कंट्रोल को ही वास्तविक सीमा रेखा मान लिया जाए। भारतीय वार्ताकार अपनी सबसे कम मांगों से ज़्यादा हासिल करने की कोशिश करेंगे वहीं अपनी सबसे ज़्यादा इच्छाओं से कम पर भी समझौता कर लेंगे। अपने हालिया सार्वजनिक बयानों ने भारतीय नेताओं ने औपचारिक अनौपचारिक ढंग से कश्मीर मुद्दे का समाधान यथास्थिति यानी नियंत्रण रेखा को ही अंतर्राष्ट्रीय सीमा बनाने के मुद्दे पर राज़ी होने के संकेत देकर किया है। यह वही स्थिति है जो 1963 में समझौते के लिए सुझाई गई थी। दरअसल पाकिस्तान में कभी भी कश्मीर विवाद को लेकर सामान्य राष्ट्रीय मत के स्तर पर चर्चा हुई ही नहीं। जब मुशर्रफ़ ने 2003 से 2006 के बीच कश्मीर मुद्दा सुलझाने के लिए चार सूत्रीय कार्यक्रम की पेशकश की थी

तो वह सिर्फ़ जनरल अयूब की 1959 में अमरीकी राष्ट्रपति आइज़नहावर से हुई बातचीत की नकल भर लग रही थी।

अयूब ने विवाद सुलझाने के लिए ऐसी आवश्यकता प्रतिपादित की थी जिसमें कश्मीरी, पाकिस्तानी और भारतीय सभी के हितों का संधि में आदर हो। मुशर्रफ़ ने समझौते के लिए एक नया सिद्धांत दिया 'अस्वीकार्य का विलोपन' यानी 'भारत, पाकिस्तान और कश्मीर तीनों को अस्वीकार्य चीज़ों को समझौते से हटा देना।'

गौरतलब है कि 1959 से 2006 तक ना तो पाकिस्तान और ना ही भारत दोनों ने अपनी अपनी मांगों से कोई बड़ा विचलन दिखाया हो। मुशर्रफ़ के इस सिद्धांत से स्पष्ट है कि पाकिस्तान को यथास्थिति अस्वीकार्य है। यानी नियंत्रण रेखा के आधार पर जम्मू-कश्मीर का विभाजन जिससे मुस्लिम आबादी वाली कश्मीर घाटी भारत के अधीन रह जाएगी। वहीं दूसरी तरफ भारत सीमाओं में कुछ बदलाव स्वीकार कर सकता है लेकिन द्विराष्ट्र सिद्धांत को मानते हुए पूरे कश्मीर को सौंपना नहीं चाहता।

भारत के साथ संबंधों को सामान्य बनाना इसलिए भी ज़रूरी है क्योंकि भारत विश्व की उभरती शक्ति है और दुनिया के एकमात्र सुपरपावर का रणनीतिक साझेदार भी। यह पाकिस्तान के लिए अपने आज़ादी के शुरुआती दशकों से कहीं ज़्यादा अब महत्वपूर्ण हो गया है।

पाकिस्तान के अभिजात्य शासक वर्ग की परेशानी यह है कि पिछले 59 सालों में वे कश्मीर को सर्वोपरि राष्ट्रीय मुद्दा बताते रहे हैं, अब इस वर्ग और खासकर पाकिस्तानी सेना के लिए इस मुद्दे पर अपनी प्राथमिकताएं बदलने का संकेत भी देना उनके गले की हड्डी बन जाएगा।

जून 1972 में पाकिस्तान में अमरीका के कार्यवाहक्र राजदूत सिडनी सोबर ने माना था कि व्यावहारिक सोच से ठीक उलट पाकिस्तानी, बांग्लादेश गंवाने के बाद कश्मीर की आज़ादी के मुद्दे से और ज़्यादा भावनात्मक ढंग से जुड़ गए हैं। उनका यह मत 1963 में भुट्टो-स्वर्ण सिंह वार्ता के विफल होने के बाद दिए गए अमरीकी विदेश सचिव डीन रस्क के ख्याल से मेल खाता है कि 'भारत और पाकिस्तान के बीच समझौता फ्रांस और जर्मनी के बीच हुई संधि की तर्ज़ पर हो सकता है।' आज फ्रांस और जर्मनी दोनों एकीकृत यूरोप के मज़बूत स्तंभ हैं जबकि उनके बीच 75 साल तक संघर्ष चला जिसमें दो विश्व युद्ध शामिल हैं। रस्क ने लिखा था कि 'भारत इस मुद्दे पर पाकिस्तान से कहीं ज़्यादा तैयार दिखता है जबकि पाकिस्तान कश्मीर विवाद सुलझाने के अलावा दूसरे मुद्दों पर बातचीत कर अपने दबाव को कम नहीं करना चाहता।' रस्क का यह भी मत था कि 'पाकिस्तान इस पूर्वाग्रह से पूरी तरह ग्रस्त है कि भारत ने कभी अपने विभाजन को मान्यता ही नहीं दी और वह दुनिया के नक्शे से पाकिस्तान को गायब देखना चाहता है।' रस्क का मानना था कि कश्मीर

मुद्दा तब तक नहीं सुलझ सकता जब तक पाकिस्तानियों के दिलो-दिमाग में इस मुद्दे को लेकर मूलभूत वैचारिक बदलाव नहीं आते।

पाकिस्तान ने बंटवारे और द्विराष्ट्र सिद्धांत के तहत यह मान लिया था कि कश्मीर पाकिस्तान का ही हिस्सा होगा। पाकिस्तान ने कभी भी राज्य के विलय को लेकर किसी कोशिश की तैयारी ही नहीं की थी और अपनी इस गलती को सुधारने के लिए बाद में बल का प्रयोग करने लगा। कश्मीर पर कबायली हमले ने भारत को एक लाभ की स्थिति में पहुंचा दिया जिससे भारत कश्मीर के विलय को लेकर अपनी कोशिशों को न्यायोचित ठहराने लगा। तब से ही भारत ने सामरिक और रणनीतिक तौर पर कश्मीरियों को अपनी इच्छा व्यक्त करने का वादा किया और तोड़ा। संयुक्त राष्ट्र की जनमत संग्रह की मांग को भारत ने पूर्व नियोजित कई चालों से टालने में भी कामयाबी हासिल की। पाकिस्तान अब भी कश्मीर पर किसी नियोजित नीति के अभाव में काम कर रहा है। कश्मीर पर वह सिर्फ़ भारत का सोची-समझी रणनीतियों जैसे सैन्यीकरण, आतंकवाद और अंतर्राष्ट्रीय समुदाय से समर्थन की अपील पर सिर्फ़ भावनात्मक प्रतिक्रिया दे रहा है जिसको सुनने वाला अब कोई नहीं है। कुछ समय के लिए कश्मीर मुद्दे को इतर रख भारत से सामान्य संबंध बनाने की जगह पाकिस्तानी सेना किसी भी व्यापार और आवाजाही से पहले कश्मीर समस्या का हल करने की ज़िद पकड़ कर बैठी है। रणनीति

के अभाव में पाकिस्तानी पक्ष का कश्मीर पर किसा भी तरह की कामयाबी हासिल करना डूबते को तिनके के सहारे जैसा ही है। किसी भी मुद्दे से पहले कश्मीर समस्या का हल करने की ज़िद यह साबित करती है कि कश्मीर भारत-पाकिस्तान के संबंधों का सबसे बड़ा रोड़ा है। दोनों पड़ोसी मुल्क अब परमाणु शक्ति संपन्न राष्ट्र हैं। ऐसे में उनके बीच 1948,1965 और 1971 जैसे युद्ध संभव नहीं हैं।

क्या कश्मीर सच में पाकिस्तान के गले की नस है, और अगर है तो कोई देश इसके बिना 69 साल कैसे ज़िंदा रहा? भारत और पाकिस्तान के अस्तित्व के लिए अगर यह उतना महत्वपूर्ण नहीं है तो अब तक सुलझाए ना जा सकने वाले इस विवाद को लेकर परमाणु विभीषिका झेलने तक का जोखिम हम क्यों उठाने को तैयार हैं?

3

‘हमें परमाणु बम का इस्तेमाल करना चाहिए’

2002 में पाकिस्तान के अपने सफ़र के दौरान एक अमेरिकी पत्रकार तब हैरान रह गया जब उसे हर बड़े शहर के सबसे व्यस्त चौराहों के बीचोंबीच चगाई पहाड़ियों की किसी पथरीली 'रॉक ऑफ जिब्राल्टर' जैसे आकार वाली चोटी की प्रतिकृति नज़र आई। बलूचिस्तान की वो चोटी पाकिस्तानी परमाणु परीक्षण का ठिकाना थी। पत्रकार पीटर लैंड्समैन इसका ज़िक्र करते हुए लिखते हैं, '1998 में भारत के परमाणु बम के जवाब में तैयार किया गया इस्लामिक बम पाकिस्तान की 1947 में अपने अस्तित्व में आने के बाद की सबसे शानदार उपलब्धि है।' ये तीखी टिप्पणी उनके पाकिस्तान के एक 'मायूस' ब्रिगेडियर के साथ हुई बातचीत के ज़िक्र के पहले मौजूद थी, जिसने कभी पाकिस्तान के सिंध इलाके में मिलिट्री इंटेलिजेंस के लिए अपनी सेवाएं दी थीं और अब पचास की उम्र पार कर चुका था।

लैंड्समैन और ब्रिगेडियर अमानुल्लाह की मुलाकात पूर्व प्रधानमंत्री बेनज़ीर भुट्टो के इस्लामाबाद हाउस में हुई थी और ब्रिगेडियर उनके लिए ही फौज से रिटायर होने के बाद काम कर रहे थे। वहां पर एक पेंटिंग ने लैंड्समैन का ध्यान अपनी ओर खींचा। लैंड्समैन को याद है कि, 'उस पेंटिंग में पाकिस्तान के जन्मदाता जिन्ना किसी शानदार शख्सियत की तरह पार्टी के नेताओं के साथ खड़े थे और उनके पीछे इस्लामाबाद शहर फैला हुआ नज़र आ रहा था, जिन्ना के हाथ शहर के पीछे की तरह फैले

विशाल मैदान की ओर इशारा कर रहे थे जहां पर बादलों को चीरता हुआ एक रॉकेट धुएं और आग का ग़ुबार अपने पीछे छोड़ते हुए आसमान की ओर जा रहा था।' ब्रिगेडियर ने गौर किया कि पत्रकार की निगाहें पेंटिंग पर टिकी हुई थीं और फिर दोनों ने इस बात पर चर्चा की थी कि आखिर पेंटिंग क्या बयां कर रही थी। ब्रिगेडियर ने कहा कि, 'उसमें एक न्यूक्लियर वॉरहेड लेकर भारत की ओर बढ़ रही थी।' शुरुआत में उन्हें लगा कि ब्रिगेडियर मज़ाक कर रहे थे, लेकिन फिर उन्हें एहसास हुआ कि ऐसा नहीं था।

अमेरिकी पत्रकार ने इस बात पर हैरानी ज़ाहिर की कि कैसे पाकिस्तानी बड़े आराम से भारत के साथ परमाणु युद्ध की बातें करते हैं। ब्रिगेडियर ने मामला संभालते हुए कहा, 'नहीं, ये होना ही चाहिए। हमें बम का इस्तेमाल करना चाहिए।' ब्रिगेडियर के ख्याल में ये बिल्कुल जायज़ था कि पाकिस्तान परमाणु बम का इस्तेमाल किसी हमले की प्रतिक्रिया में नहीं बल्कि सबसे पहले हमले के तौर पर करे।

इसके बाद ब्रिगेडियर अपना गुस्सा और मायूसी ज़ाहिर करते हुए खुद से ही बातें करते रहे। उन्होंने कहा, 'हमें उन पर परमाणु हमला करना चाहिए और उनके कुछ शहर अपने कब्ज़े में ले लेने चाहिए जैसे कि दिल्ली, बंबई, कलकत्ता। वो भी जवाबी हमला करें और हमारे शहर जैसे कि लाहौर और कराची अपने कब्ज़े में ले लें। लाख-दस लाख लोगों को

मार डालें...उन्होंने हमारे साथ बहुत बुरा किया है। हमें उनको सबक सिखाना चाहिए, इससे हम सबको सबक मिल जाएगा।'

ब्रिगेडियर का बड़बड़ाना जारी रहा, 'यहां कोई भविष्य नहीं है और हमें फिर से सब कुछ शुरू करने की ज़रूरत है...ज़्यादातर लोग यही सोचते हैं। क्या आप पाकिस्तान के गांवों में गए हैं, अंदरूनी इलाक़ों में। वहां सिर्फ़ गरीबी और दुख के सिवा कुछ नहीं है। बच्चों को तालीम नहीं मिलती, कुछ भी अच्छा नहीं है। गांवों के भीतर जाइए, गरीबी को देखिए। पीने का पानी नहीं है। छोटे बच्चे नंगे पैर मीलों चलकर पीने का पानी लाते हैं। मैं गांवों में जाता हूं और मुझे रोना आता है। मेरे बच्चों का कोई भविष्य नहीं है। पाकिस्तान के किसी भी बच्चे का कोई भविष्य नहीं है। हम चारों तरफ सिर्फ़ जंग और बर्बादी से घिरे हुए हैं, लाखों लोगों को मर जाना चाहिए।'

ब्रिगेडियर ने सीधे तौर पर पाकिस्तान के पिछड़ेपन के लिए भारत को ज़िम्मेदार ठहरा दिया, न कि अपने नेताओं के उन फैसलों को जिनमें आम लोगों की बेहतरी के लिए इस्तेमाल होने वाला पैसा सेना पर फूंक दिया जाता है। और शायद उन्होंने भारत की गरीबी को बिल्कुल नज़रअंदाज़ कर दिया। उनके लिए परमाणु हमला बिल्कुल जायज़ था क्योंकि, 'कश्मीर में हज़ारों लोग मर रहे हैं और दुनिया की सबसे बड़ी महाशक्ति इस पर चूं भी नहीं कर रही।' उन्हें शिकायत थी कि, 'अमेरिका

ने भारत का पक्ष ले लिया है क्योंकि उसका फायदा वहीं पर है और फिर से कहने लगे कि वो चाहते हैं कि उनके बच्चे भी मर जाएं।"[1]

ज़ाहिर सी बात है लैंड्समैन ने अपनी किताब *ए मॉडेस्ट प्रपोज़ल फ्रॉम द ब्रिगेडियर* में जिस बातचीत का ज़िक्र किया वो पाकिस्तान की नीतियों या फिर नीति निर्धारक लोगों के विचारों का प्रतिनिधित्व नहीं करती है। लेकिन ये भी सच है कि ये बातचीत उस बेताबी को भी बयां करती है जिसने पाकिस्तान को इकलौता ऐसा परमाणु शक्ति संपन्न देश बना दिया (उत्तरी कोरिया के अलावा) जो तबाही के हथियारों का 'पहले इस्तेमाल न करने' का वादा करने को तैयार नहीं है। पाकिस्तान दुनिया का इकलौता ऐसा देश है जो खुलेआम कहता है कि उसके परमाणु हथियार सिर्फ़ एक देश यानी भारत से सुरक्षा के लिए बने हैं।

जैसा कि हाल ही में मार्च 2016 के दौरान पाकिस्तान के विदेश मामलों के सलाहक़ार सरताज अज़ीज ने कहा कि, 'इस इलाके के लिए आतंकवाद नहीं बल्कि भारत सबसे बड़ा खतरा है', और इसके साथ ही भारत से अपने परमाणु हथियारों की संख्या कम करने को कहा ताकि पाकिस्तान को उसकी होड़ न करनी पड़े। भारत सबसे बड़ा खतरा है ये दावा इसलिए झूठा लगता है क्योंकि आंकड़ों के मुताबिक आतंकवादियों के हाथों लगभग 40 हज़ार पाकिस्तानी या तो मारे गए हैं या फिर घायल हुए हैं। इसकी वजह से न सिर्फ़ पाकिस्तान की अर्थव्यवस्था बेहाल हुई

है और उसके अंतरराष्ट्रीय संबंध खराब हुए हैं बल्कि पाकिस्तान के नागरिकों को बाहरी देशों में सफर करने में भी मुश्किलें झेलनी पड़ी है। फिर भी सरताज अजीज़ इसी बात पर ज़ोर देते हैं कि पाकिस्तान आतंकवाद की बजाए भारत से ज़्यादा खतरा महसूस करता है। वो पाकिस्तान की सुई के बार-बार भारत पर ही अटक जाने की उस मनोदशा को बयां कर रहे थे जिसे एक बार अमेरिकी प्रधानमंत्री जॉर्ज बुश ने 'सनक' करार दिया था।

अज़ीज़ ने कहा था कि पाकिस्तान के परमाणु हथियार भारत के खिलाफ एक रक्षाकवच की तरह हैं और, 'अगर वो अपने परमाणु हथियारों की संख्या बढ़ाते हैं तो हम अपने घटा नहीं सकते।'[2] ये रुख कि एक देश की परमाणु नीति सिर्फ़ और सिर्फ़ एक देश से बंधी हुई हो, दुनिया के तमाम दूसरे परमाणु शक्ति संपन्न देशों की नीतियों से बिल्कुल अलग है। जहां एक ओर संयुक्त राज्य अमेरिका ने सबसे पहले परमाणु हथियार तैयार किए और बाद में सोवियत संघ, ब्रिटेन, फ्रांस और चीन ने भी उसका अनुसरण किया। मगर इन सभी देशों ने ऐसा अंतरराष्ट्रीय सुरक्षा के क्षेत्र में अपनी भूमिका को ध्यान में रखकर किया। सोवियत संघ के खतरे से परेशान होने से काफी पहले ही अमेरिका ने जापान पर परमाणु हमला कर दिया था ताकि द्वितीय विश्व युद्ध को खत्म किया जा सके।

भारत का परमाणु कार्यक्रम भी किसी क्षेत्रीय दुश्मनी की वजह से तैयार नहीं किया गया था बल्कि उसके पीछे का तर्क ये था कि परमाणु अप्रसार कार्यक्रम वैश्विक स्तर पर होना चाहिए। या तो किसी के पास भी व्यापक तबाही के हथियार नहीं होने चाहिए या फिर हर किसी को उन्हें रखने का हक़ होना चाहिए। वहीं दूसरी तरफ पाकिस्तान का परमाणु कार्यक्रम सीधे तौर पर भारत से होड़ की वजह से तैयार हुआ था। पाकिस्तान ने सीधे-सीधे भारत को ध्यान में रखते हुए परमाणु बम बनाया और अभी भी बना रहा है।

शुरुआती दौर में भारत पूरी दुनिया से परमाणु बमों को खत्म किए जाने का सबसे बड़ा पैरोकार था। नेहरू की अगुवाई में नागरिक कार्यक्रमों के लिए तो परमाणु ऊर्जा के इस्तेमाल को जायज़ माना गया था लेकिन परमाणु हथियारों के लिए नहीं। हालांकि तब भी अपने इस तर्क की वजह से ही भारत ने परमाणु हथियारों का विकल्प खारिज नहीं किया था कि हर देश को वह करने का हक़ था जो महाशक्तियां कर चुकी थीं। 1962 में चीन के साथ युद्ध में हार और फिर 1964 में चीन के परमाणु परीक्षण के बाद भारत के रुख में बड़ा बदलाव आया। भारत ने पाकिस्तान की तरह ही परमाणु अप्रसार संधि एनपीटी पर दस्तख़त करने से इनकार कर दिया और भारतीय परमाणु कार्यक्रम शुरू हो गया। 1974 में भारत ने अपना पहला परमाणु परीक्षण किया।

वहीं भारत के उलट पाकिस्तान का एनपीटी पर दस्तखत से इन्कार किसी अंतरराष्ट्रीय परमाणु संधि में असमानता की वजह से नहीं था। पाकिस्तान का रुख बरसों पहले भी वही था जो आज है कि उसकी परमाणु नीति 'भारत के खतरे' के हिसाब से तय होगी। दशकों तक पाकिस्तान के अधिकारी यही रटते रहे कि जिस दिन भारत परमाणु विरोधी खेमे से जुड़ जाएगा, उनका देश भी उसका हिस्सा बन जाएगा।

सिर्फ़ यही नहीं, आम दुनिया का ये समझना भी सही नहीं था कि पाकिस्तान ने अपने परमाणु हथियारों को बनाने की तैयारी भारत के 1974 के परमाणु परीक्षणों के बाद शुरू की थी। भुट्टो ने जनवरी 1972 में ही मुल्तान में परमाणु वैज्ञानिकों को इकट्ठा करके उन्हें जल्दी से जल्दी परमाणु हथियार तैयार करने को कहा था, ये हाल तब था जबकि बांग्लादेश में शर्मनाक हार को महज एक महीना ही बीता था। भुट्टो ने परमाणु बम की तैयारियों को लेकर ही अपना मशहूर बयान दिया था, 'हम घास खाएंगे लेकिन अपना परमाणु बम तैयार करेंगे। हमारे पास कोई दूसरा रास्ता नहीं है।' उस समय परमाणु बम की तैयारियों का मकसद कहीं से भी परमाणु शक्ति संपन्न भारत के साथ होड़ नहीं था बल्कि ढाका में हुई ज़बरदस्त हार और सैन्य पराजय की बेइज़्ज़ती से जूझ रहे पाकिस्तान के घायल स्वाभिमान को पुनर्स्थापित करने की कोशिश था।

फिरोज़ हसन खान ने, जो पाकिस्तानी सेना की न्यूक्लियर स्ट्रेटेजिक प्लान्स डिवीज़न से जुड़े थे, इस पर एक प्रामाणिक किताब लिखी है कि कैसे और क्यों पाकिस्तान ने परमाणु बम तैयार किए। उन्होंने किताब का नाम भी बिल्कुल सही रखा है, ईटिंग ग्रास: *द मेकिंग ऑफ द पाकिस्तानी बॉम्ब*। जो पाकिस्तान के बम बनाने के पीछे की कहानी को बयां करता है। इस किताब में उन्होंने बड़े गर्व के साथ लिखा है कि, पाकिस्तान के वरिष्ठ अधिकारियों ने देश के नौजवान साइंसदानों और इंजीनियरों को भर्ती करके उन्हें हथियारों के निर्माताओं की समर्पित टीम के रूप में तैयार कर दिया। वो आगे लिखते हैं कि परमाणु हथियारों का विकास पाकिस्तानी राष्ट्रवाद की भावना से जुड़ा हुआ था। इस तरह से पाकिस्तानी परमाणु बम पाकिस्तान की इच्छाशक्ति और राष्ट्रीय पहचान के सबसे प्रमुख प्रतीक बनकर उभरे। ये बम पाकिस्तान की भारत के साथ कभी न खत्म होने वाली दुश्मनी और सैनिक मुकाबले की भावना को बयां करते थे।

दुनिया के दूसरे देशों में साइंसदान आमतौर पर राजनीति से दूर रहते हैं, लेकिन इसके ठीक उलट पाकिस्तान में कई वैज्ञानिक भारत विरोधी और इस्लामिक विचारधारा के खुलेआम समर्थक बन गए। इनमें सबसे प्रमुख थे, डॉक्टर अब्दुल क़दीर ख़ान, वो एक मेटलर्जिस्ट थे जिन्होंने डच यूरेनियम प्लांट से, जहां पर वो 1970 के दशक में काम किया करते थे,

हथियारों की डिज़ाइन और जानकारियां लेकर (कई की नज़रों में चुराकर) उससे पाकिस्तान के परमाणु कार्यक्रम को आगे बढ़ाया। ए.क्यू. ख़ान उस इंतज़ामिया (प्रबंधन) कमेटी का भी हिस्सा थे जिसने चोरी-छिपे तरीके से पूरी दुनिया से परमाणु बम संबंधी कच्चे माल और दूसरे संसाधनों का जुगाड़ किया। पाकिस्तान का परमाणु बम तैयार करने में मदद करने के बाद ए.क्यू. खान ने इसके डिज़ाइन और कच्चे सामान को लीबिया, ईरान और उत्तरी कोरिया को भी बेच दिया। बाद में 2004 में एक टीवी इंटरव्यू के दौरान उन्होंने कुबूल किया कि ऐसा उन्होंने अपने निजी फायदे के लिए किया था न कि पाकिस्तान सरकार के कहने पर। उनके इस अविश्वसनीय कुबूलनामे ने पाकिस्तान को उन अंतरराष्ट्रीय प्रतिबंधों से बचा लिया जो उस पर दुनिया भर में खतरनाक माने जाने वाले देशों को परमाणु सामग्री देने की वजह से लगने वाले थे।

ए.क्यू. खान को खुद पर बड़ा गुमान था और उन्हें अपने प्रचार का भी बड़ा शौक था। मेरी उनसे 1996 में एक बार मुलाकात हुई थी जब मैं तत्कालीन प्रधानमंत्री बेनज़ीर भुट्टो का सलाहक़ार था। ए.क्यू. खान चाहते थे कि उन्हें पाकिस्तान का सबसे बड़ा सिविल अवार्ड निशान-ए-इम्तियाज़ मिले, जिसका एलान उसी साल अगस्त में किया जाने वाला था। उन्होंने मुझसे कहा कि पाकिस्तान ने उन्हें ठीक तरीके से सम्मानित नहीं किया था, खासतौर पर तब जबकि उन्होंने हमेशा के लिए पाकिस्तान

की सुरक्षा मुकम्मल कर दी। ए.क्यू. खान का सोचना था कि किसी दूसरे देश में तो उन्हें ज़िंदगी भर के लिए राष्ट्रपति बना दिया जाता और साथ में देश को बचाने वाला फरिश्ता समझा जाता। जब कभी भी कोई उन्हें 'मोहसिन-ए-पाकिस्तान (पाकिस्तान का संरक्षक)' कह देता तो वो तिलमिला उठते और इस बात पर हैरान हो उठते कि आखिर क्यों उन्हें पाकिस्तान की संसद से ये तमगा औपचारिक तौर पर नहीं दिया जा सकता।

अपनी कई प्रायोजित आत्मकथाओं और तमाम साक्षात्कारों के दौरान वो ये वाक़या बताते थे कि कैसे 1971 में पाकिस्तान की हार के बाद वो ज़ुल्फिकार अली भुट्टो से मिले और उस तकनीक को साझा करने का प्रस्ताव रखा जिस पर वो नीदरलैंड्स में काम कर रहे थे और जिसकी वजह से पाकिस्तान परमाणु ताकत बन सका। भारत के खिलाफ़ नफरत और डर ही उनकी मुख्य प्रेरक शक्ति था, हालांकि बाद में वो अमेरिका विरोधी भी बन गए क्योंकि अमेरिका ने पाकिस्तानी परमाणु मंसूबों का विरोध किया था।

ए.क्यू. खान ने 2011 में लिखा, 'एक ऐसे देश के लिए जो कि खुद सायकिल की चेन नहीं बना सकता था, उसके लिए महज़ छोटी सी अवधि के भीतर परमाणु और मिसाइल पावर बन जाना और वो भी पश्चिमी देश के विरोध के बावजूद, वाकई किसी करिश्मे जैसी चीज़

थी।' उनके हिसाब से, 'पाकिस्तान ने परमाणु क्षमता 80 के दशक के बीच में ही हासिल कर ली थी जबकि इसके डिलीवरी सिस्टम की क्षमता का विकास 90 के दशक के शुरुआती सालों में हुआ। ये सिर्फ़ इसलिए मुमकिन हो सका क्योंकि, मैं अपने देश को भारत के परमाणु ब्लैकमेल से बचाना चाहता था।'[4] 1998 में पाकिस्तान के परमाणु परीक्षणों के ठीक बाद दिए एक इंटरव्यू में उन्होंने अपने परिवार के भोपाल से आने की कड़वी यादों का ज़िक्र करते हुए कहा कि, 'भोपाल से लेकर पाकिस्तान की सीमा पर पहुंचने तक हिंदुओं का व्यवहार बहुत ही ज़्यादा क्रूर था।' उन्होंने तर्क दिया कि, 'पाकिस्तानी और हिंदुस्तानी वास्तव में एक दूसरे से काफी अलग थे क्योंकि, हम मुसलमान थे और वो हिंदू थे, हम गाय खाते हैं, वो गाय की पूजा करते हैं। हम एक ही ज़मीन पर रहते थे और एक ही ज़बान बोलते थे लेकिन इतने भर से हम एक जैसे इंसान नहीं हो जाते।'[5] ब्रिटिश अखबार *ऑब्ज़र्वर* में उनका ज़िक्र करते हुए छपी एक रिपोर्ट पर 1980 में उनके द्वारा लिखा एक खत छपा जिससे उनकी ज़ेहनी हालत का पता चलता था। उन्होंने इसमें उस लेखक के लेख का ज़िक्र करते हुए कहा था, 'श्याम भाटिया नाम का एक हरामज़ादा हिंदू पाकिस्तान के बारे में कुछ भी ठीक नहीं लिख सकता।'[6]

भारत विरोधी मानसिकता से प्रेरित होने वाले पाकिस्तानी वैज्ञानिकों की जमात में ए.क्यू. खान अकेले नहीं थे। पाकिस्तानी मिसाइल कार्यक्रम

की एक और प्रमुख शख्सियत डॉक्टर समर मुबारकमंद भी सार्वजनिक तौर पर 'महज कुछ सेकेंडों के भीतर भारत का नामोनिशान ही दुनिया के नक्शे से मिटा देने' की पाकिस्तान की क्षमता का दम भर चुके थे।[7] जहां पाकिस्तान के परमाणु कार्यक्रम का केंद्र बिंदु सिर्फ़ भारत था वहीं भारत के परमाणु बमों का मकसद देश को अंतरराष्ट्रीय स्तर पर ताकतवर देशों के समूह में शामिल कराना था।

पाकिस्तान के वैज्ञानिकों को भारत के ख़िलाफ़ परमाणु हथियार तैयार करने में सैनिकों के साथ ही आम नागरिकों की भी मदद मिली थी। व्यापारियों और यहां तक कि स्मगलरों ने भी यूरेनियम लाने और उससे परमाणु बम तैयार करने में मदद करने के लिए अपनी सेवाएं देने की पेशकश की थी। जमशेद मार्कर ने, जो एक मशहूर पारसी शख्सियत थे और जिन्होंने तीन दशक तक राजदूत के तौर पर घाना, जापान, तब के सोवियत संघ, जर्मनी, फ्रांस और अमेरिका में अपनी सेवाएं दी थीं, अपने संस्मरण में पाकिस्तानी दूतावासों से चलने वाले खुफिया ऑपरेशनों का ज़िक्र किया था जिससे पाकिस्तान को परमाणु हथियार तैयार करने में मदद मिली।

उन्होंने दूतावास के अधिकारियों की भूमिका का ज़िक्र करते हुए लिखा कि, सारी कवायद किसी जेम्स बॉन्ड की फिल्म सरीखी थी। ये अधिकारी स्पेशल प्रोक्योरमेंट डायरेक्टोरेट के थे जिनका एक ही मकसद

था, किसी भी तरीके से चोरी-छिपे ए.क्यू. खान और उनकी टीम के लिए ज़रूरी चीज़ों को मुहैया कराना जिस पर उस देश के कानूनों के हिसाब से पाबंदी थी। मार्कर ने जर्मनी के राजदूत के तौर पर उन संदिग्ध लोगों से स्विट्ज़रलैंड और जर्मनी के नामालूम से मगर खूबसूरत गांवों के चायखानों में हुई अपनी मुलाकात का ज़िक्र किया है। मार्कर के मुताबिक, पश्चिमी औद्योगिक घरानों ने अपने मुनाफे के लिए खुद अपनी सरकार के कानूनों को धता बताते हुए पाकिस्तान को परमाणु सामग्री देने की साजिश रची थी।[8]

पाकिस्तानियों के लिए, भारत के साथ परमाणु तकनीक के मामले में बराबरी हासिल करने के लिए किसी भी देश के कानूनों को तोड़ना-मरोड़ना बड़े फख्र की बात थी, खुद मार्कर जैसे प्रतिष्ठित राजदूत के सार्वजनिक तौर पर इस छल-प्रपंच का खुलासा करने से इस बात की तस्दीक हो जाती है। वहीं दूसरी ओर भारत ने भी संभवतः परमाणु हथियारों के लिए कच्चा सामान लाने के लिए नियम तोड़े लेकिन कभी भी उसके वैज्ञानिक और राजनयिक इसकी डींग हांकते हुए नहीं नज़र आए।

फिरोज़ ख़ान के मुताबिक, तीन प्रमुख धारणाएं ही पाकिस्तान की रणनीतिक सोच को बयां करती हैं। पहली, अगर हमेशा दुश्मनी पर उतारू भारत को पारंपरित सैन्य क्षमता के इस्तेमाल से नहीं रोका जा सके या

फिर गैरभरोसेमंद विदेशी सहयोगी देश ऐन मौके पर काम न आएं, उस समय परमाणु हथियार ही पाकिस्तान को बचाने की इकलौती गारंटी होंगे। दूसरी, चूंकि पाकिस्तानी एक मुस्लिम बहुल देश है लिहाजा इसका परमाणु कार्यक्रम जानबूझकर अंतरराष्ट्रीय विरोध का हिस्सा बन रहा है। इस उत्पीड़न की भावना को इस धारणा से और बल मिलता है कि भारत परमाणु अप्रसार के वैश्विक नियमों का बार-बार उल्लंघन करने के बाद भी 'बच निकलता' है। तीसरी ये धारणा है कि 'अमेरिका, इज़रायल और भारत शायद पाकिस्तान के परमाणु कार्यक्रम को रोकने के लिए सैनिक ताकत का इस्तेमाल कर सकते हैं।' इन धारणाओं ने पाकिस्तान के सैनिक तंत्र, अधिकारी तंत्र और वैज्ञानिक तंत्र को किसी भी राजनीतिक, आर्थिक या तकनीकी कीमत के दम पर परमाणु हथियारों से लैस पाकिस्तान के अपने लक्ष्य तक पहुंचने के लिए और दृढ़निश्चयी बना दिया।[9]

जहां एक ओर पाकिस्तान के परमाणु बमों का निशाना भारत है, वहीं भारत के प्रधानमंत्री अटल बिहारी वाजयेपी ने 11 मई और 13 मई 1998 के पांच परीक्षणों के बाद अपने देश के परमाणु संपन्न ताकत होने का सार्वजनिक एलान करते समय पाकिस्तान का ज़िक्र तक नहीं किया। संसद में दिया गया वाजपेयी का भाषण इस पर केंद्रित था कि एक ऐसी दुनिया में जहां कई देशों के पास परमाणु हथियार मौजूद हैं, भारत के पास भी ये ताकत रखने का अधिकार है। अमेरिकी राष्ट्रपति बिल क्लिंटन को

लिखे एक पत्र में वाजयेपी ने भारत के सामने मौजूद खतरे के तौर पर सिर्फ़ चीन का ज़िक्र किया और वो भी अमेरिकी सहयोग हासिल करने की नीयत से, क्योंकि हिंद-प्रशांत क्षेत्र में भारत के चीन के साथ संभावित दीर्घकालीन संघर्ष को लेकर अमेरिका चिंतित रहता है। लेकिन पाकिस्तान में भारत के इन परीक्षणों को इस प्रकार से प्रचारित किया गया जैसे ये सीधे तौर पर उनके देश के लिए धमकी हों। पाकिस्तान ने तनाव भरे दो हफ्तों के गुज़रने के भीतर ही चगाई की पहाड़ियों में बनी सुरंगों में अपने भी परमाणु परीक्षण कर डाले।

चूंकि भारत के परमाणु परीक्षणों में पांच विस्फोट शामिल थे, लिहाजा पाकिस्तान के धमाकों की संख्या तो छह ही होनी थी, भारतीयों से एक अधिक। पाकिस्तान ने इन धमाकों का खूब जश्न मनाया जिसे वो भारत से बराबरी या कहें तो भारत से आगे निकल जाने के तौर पर देख रहे थे। अमेरिकी अखबार *वॉशिंगटन पोस्ट* ने इस्लामाबाद में उस समय के जश्न का ज़िक्र करते हुए इन शब्दों का प्रयोग किया, 'हमने ये कर दिखाया, अब हम भारत के बराबर हैं।'[10] इसके कुछ ही दिनों के बाद चगाई पहाड़ियों की शीशे की अनुकृतियां और भारत पर आक्रमण करने वाले मुस्लिम आक्रांताओं के नाम वाली मिसाइलों की अनुकृतियां बड़े शहरों के चौराहों पर लगा दी गईं।

इन परीक्षणों के बाद भारत और पाकिस्तान पर लगे अमेरिकी प्रतिबंधों

ने पाकिस्तान की अर्थव्यवस्था को ज़्यादा नुकसान पहुंचाया और इसकी वजह थी पाकिस्तान का ज़्यादा अनिश्चित विदेशी मुद्रा भंडार। पहले जिन निजी विदेशी मुद्रा के खातों की गारंटी सरकार दिया करती थी वो फ्रीज़ कर दिए गए और उन खातों के मालिकों को ये मुद्रा पाकिस्तानी करेंसी में दे दी गई। सार्वजनिक खर्चों में कटौती कर दी गई और विकास कार्यों को रोक दिया गया। देश के परमाणु बम बनाने के लिए 'घास भी खाने को तैयार रहने' के संकल्प के इम्तिहान का सच में वक्त आने वाला था।

लेकिन कुछ समय के बाद अमेरिका की बीती बातों को भूलकर भविष्य के रास्ते पर आगे बढ़ने की नीति सामने आ गई। पहले विश्व मुद्रा कोष पाकिस्तान के बचाव में सामने आया और फिर बाद में अमेरिकी प्रतिबंध कमज़ोर पड़ गए जब अमेरिका ने भारत और पाकिस्तान को सज़ा देने के बजाए उनके बीच सहयोग कराने का फैसला किया। क्लिंटन और उनकी विदेश मामलों की टीम ने दोनों देशों को बीच एक दूसरे को देखने के नज़रिए में बदलाव करने के लिए प्रोत्साहित किया क्योंकि अब दोनों के पास व्यापक तबाही के हथियार थे।

भारत में भी कुछ तर्कशील लोग ये बात कहते आ रहे थे कि चीन और अमेरिका के बीच संबंधों में आए मोड़ की तरह ही भारत और पाकिस्तान के बीच अब ऐसा वक्त आ चुका है जब दोनों देश अपनी दुश्मनी खत्म

कर सकते हैं। अगर हिंदू राष्ट्रवादी पार्टी के प्रधानमंत्री अटल बिहारी वाजपेयी पाकिस्तान जाकर वहां की मुस्लिम राष्ट्रवादी पार्टी के प्रधानमंत्री नवाज़ शरीफ़ से बात करें तो दोनों देशों के बीच कोई रास्ता निकाला जा सकता था। आखिर अमेरिका और सोवियत संघ ने भी दोनों देशों के बीच व्यापक तबाही की संभावना को देखते हुए अपने शीत युद्ध के दौर की कड़वाहट को खत्म करने में कामयाबी हासिल की थी।

आखिरकार वाजयेपी फरवरी 1999 में लाहौर गए और पाकिस्तान को ये यकीन दिलाने की कोशिश की थी कि भारत उनके देश के अस्तित्व को स्वीकार करता है और दोस्ती की इच्छा रखता है। वो मीनार-ए-पाकिस्तान भी गए जो कि उस यादगार जगह पर बनी है जहां पहली बार 1940 में पाकिस्तान की मांग रखी गई थी। इसके बाद उन्होंने वहां रखी आगंतुक पुस्तिका में वो लिखा जिसकी बहुत ज़्यादा चर्चा की जाती है, 'भारत और भारतीयों ने पाकिस्तान के निर्माण को स्वीकार किया है और उसके सुखद भविष्य की कामना करते हैं।' उन्होंने ज़ोर देकर कहा कि बंटवारे की वजह से भारत के मन में पाकिस्तान को लेकर कोई बदनीयती नहीं है और उसने पाकिस्तान के अस्तित्व और उसे एक स्वतंत्र राष्ट्र के तौर पर रहने के अधिकार को स्वीकार कर लिया है।

वाजपेयी और शरीफ़ ने साझा रूप से लाहौर समझौते पर दस्तखत किए जिसमें हिंसा खत्म करने, शिमला समझौते का पालन करने, और

दोनों ही पक्षों को बहुमार्गी राजनयिक कार्यक्रम के लिए प्रतिबद्ध रहने की बात की गई, इन कार्यक्रमों को बाद में कई नाम से पुकारा गया जैसे कि विश्वास बहाली के उपाय या कॉन्फिडेंस बिल्डिंग मेजर्स (सीबीए), कंपोज़िट डायलॉग या विस्तृत बातचीत। ये उम्मीद जगी कि दक्षिण एशिया के दोनों नए नए परमाणु शक्ति संपन्न देश, अब इस बात के लिए आश्वस्त थे कि दोनों में से कोई भी एक दूसरे के पूरी तरह नष्ट हो जाने का जोखिम न लेते हुए एक दूसरे को सैन्य हमले की धमकियां नहीं देंगे और एक दूसरे से ज़्यादा सहज तरीके से बातचीत करेंगे।

लेकिन इस उपमहाद्वीप के दूसरे किस्सों-कहानियों की तरह ही इस कहानी में भी जो उम्मीद की गई थी, चीज़ें उस हिसाब से नहीं हुईं, कुछ ही महीनों के भीतर भारत-पाकिस्तान की कहानी में एक नया मोड़ आ गया।

अपने प्रधानमंत्री के भारत के साथ रिश्ते सामान्य करने के वादे से बेपरवाह, पाकिस्तान के सेना प्रमुख जनरल परवेज़ मुशर्रफ़ ने वो षड्यंत्र तैयार किया और उसे अमली जामा पहनाया जिसे वो जम्मू-कश्मीर के मुद्दे पर भारत का हाथ मरोड़ने के लिए सबसे शानदार तरीका मानते थे। मुशर्रफ़ ने कमांडो ट्रेनिंग ली थी और कई बार वो मुद्दों पर एक कमांडो की तरह ही सोचते थे। कमांडो को अपने मिशन पर फोकस करने, दुश्मन को चौंका देने और पीछे से हमला करने की ट्रेनिंग दी जाती है। वो अपनी ट्रेनिंग में रणनीतिक समझ कम और चतुराई का ज़्यादा इस्तेमाल करते हैं।

कई सालों के बाद जॉर्ज डब्ल्यू. बुश ने ये गौर किया था कि मुशर्रफ़ तब तक बड़े समझदार मालूम होते थे जब तक कि भारत का ज़िक्र नहीं छिड़ता था और ज़िक्र आने के बाद तो भारत के प्रति उनकी नफरत और अविश्वास सामने आ जाता था।

1999 में कारगिल में पाकिस्तानी सैनिकों ने नियंत्रण रेखा को पार करके उन भारतीय चौकियों पर कब्ज़ा कर लिया जो सर्दियों में खाली कर दी जाती थीं। मुशर्रफ़ और उनके कुछ जनरलों को लगा कि ऊंची चोटियों पर कब्ज़ा करके पूरे इलाके की नस माने जाने वाले हाईवे उनकी निगहबानी में आ जाएंगे और भारत को इस विवादित इलाके पर समझौता करने के लिए मजबूर किया जा सकेगा। बेनज़ीर भुट्टो ने मुझे 1995 में बताया था कि जब मुशर्रफ़ सैन्य अभियानों के महानिदेशक यानी डीजी मिलिटरी ऑपरेशन्स थे, तब उन्होंने उनके सामने ऐसा ही प्रस्ताव रखा था लेकिन प्रधानमंत्री की हैसियत से उन्होंने इस विचार को खारिज कर दिया और मुशर्रफ़ से इसके सियासी नतीजों का आकलन करने को कहा था। वैसे नवाज़ शरीफ़ ने इस पर गलती से दस्तखत कर दिया था या फिर उन्हें इसकी पूरी तरह से जानकारी नहीं थी ये बहस का विषय था, लेकिन जो इसका नतीजा हुआ वो बिल्कुल तय था।

शुरुआती पाकिस्तानी सफलता के बाद जब भारत ने जवाबी हमला किया तो पाकिस्तानी सेना को भारी नुकसान उठाना पड़ा। मुशर्रफ़ को

उम्मीद थी कि वो बिना लड़े ही नियंत्रण रेखा में बदलाव करवाने के लिए भारत को मजबूर कर देंगे। उन्हें ये भी उम्मीद नहीं थी कि भारत वायुसेना का इस्तेमाल करेगा। कश्मीर पर किसी निर्णायक बातचीत के लिए अंतरराष्ट्रीय बिरादरी को अपने पीछे एकजुट करने की बजाए युद्ध छेड़ने का नतीजा ये हुआ कि पाकिस्तान पर अपने इलाके में वापस लौट जाने का दबाव पड़ने लगा।

वाजपेयी (और सभी भारतीयों) के लिए कारगिल में युद्ध एक बड़ा विश्वासघात था। इसने लाहौर में पाकिस्तान के सियासी नेताओं के साथ भारतीय प्रधानमंत्री द्वारा किए गए समझौते की धज्जियां उड़ा दी थीं। कारगिल ने ये भी स्पष्ट कर दिया था कि पाकिस्तानी सेना ने भारत के खिलाफ अपनी लगातार चली आ रही दुश्मनी के नज़रिए को नहीं बदला था और ये भी तय हुआ कि परमाणु डेटरेंट यानी जिसे परमाणु शक्तियों के बीच युद्ध को रोकने का एक ज़रिया माना जाता था, वो भारत और पाकिस्तान के बीच काम नहीं करने वाला।

बहुत से देशों के लिए किसी गैर परमाणु शक्ति संपन्न लेकिन ज़्यादा ताकतवर देश से हार से बचने के लिए परमाणु हथियार ही सुरक्षा की सबसे बड़ी गारंटी माने जाते हैं। अगर पाकिस्तान का यही मकसद था, जिसके बारे में उसके शासक हमेशा दावा करते थे, कि भारत एक दिन उन पर हमला कर देगा और इसलिए उन्हें इस हमले से बचने के लिए

परमाणु हथियारों की ज़रूरत थी तो परमाणु बम बना लेने से उस भय को खत्म हो जाना चाहिए था। लेकिन बजाए इसके पाकिस्तान के जनरल कुछ ऐसा तलाश रहे थे जिसे वो अपनी अवाम के सामने 'भारत पर जीत' के तौर पर पेश कर सकें। वो कश्मीर को लेकर मौजूदा यथास्थिति को ताकत के सहारे बदलने की कोशिश में जुटे थे, जो न केवल भारत बल्कि पाकिस्तान का समर्थन करने वाले कई देशों जैसे कि चीन और अमेरिका सहित विश्व समुदाय के दूसरे देशों को भी नामंज़ूर थी।

दुनिया ने कभी किसी परमाणु हथियार से लै़स देश को इतनी लापरवाही से किसी दूसरे परमाणु शक्ति संपन्न देश के खिलाफ़ युद्ध की शुरुआत करते हुए नहीं देखा था। इस लिहाज से कारगिल ने परमाणु हथियारों के डेटरेंट यानी युद्ध को रोकने की भूमिका पर नए सिरे से सोचने की ज़रूरत पैदा की। परमाणु बम आमतौर पर यथास्थिति को बनाकर रखने में मददगार साबित होते हैं क्योंकि कोई भी देश दूसरे देश को खत्म करने की कोशिश में खुद को खत्म नहीं करना चाहता। हालांकि मुशर्रफ़ ने एक अलग ही किस्म का दांव लगाया था कि वो पारंपरिक सैन्य तरीकों से ही ज़मीनी हालात बदल देंगे और परमाणु युद्ध के खतरे की वजह से भारत को झुकना पड़ेगा। लेकिन वो हार गए। पाकिस्तान के नेताओं और जनरलों द्वारा छेड़े गए दूसरे सैन्य अभियानों की तरह ही कारगिल युद्ध भी बड़ी ताकतों के हस्तक्षेप के बाद खत्म हुआ। भारत और पाकिस्तानी

सेनाएं वापस युद्ध से पहले की पोज़ीशन पर लौट गईं यानी नियंत्रण रेखा पर जहां वो 1948 से ही जमी हुई थीं।

जहां एक ओर कारगिल कांड से जम्मू-कश्मीर में दोनों ही देशों के नियंत्रण वाले इलाकों पर कोई दीर्घकालीन अंतर नहीं दिखा, वहीं इस घटना से पाकिस्तान के प्रति भारत का अविश्वास और बढ़ गया, खासतौर पर पाकिस्तानी सेना के लिए। कारगिल की घटना के बाद भारत में इस गड़बड़ी की जांच के लिए जो सरकारी कमेटी बनी उसने अपनी रिपोर्ट में लिखा कि पाकिस्तान कश्मीर में 'सीमित घुसपैठ' में कामयाब रहा क्योंकि भारत ने पाकिस्तान के खतरे को नज़रअंदाज़ कर दिया था। कमेटी के मुताबिक पाकिस्तान ने चीन से परमाणु हथियारों की बनी-बनाई तकनीक 1983 में ही हासिल कर ली थी और कई बार उसने भारत को खुले तौर पर परमाणु बमों की धमकी दी थी जिसकी शुरुआत उसने 1987 से ही कर दी थी। भारत और पाकिस्तान के बीच में 1990 से ही एक प्रभावी परमाणु डेटरेंट तैयार हो जाने की संभावना बनी हुई थी। 90 के दशक में लगभग नौ सालों तक भारत ने अपनी गैर-आणविक क्षमता वाली सेना का इस्तेमाल इसी डर से नहीं किया था कि मामला एटमी हथियारों तक न पहुंच जाए, बावजूद इसके कि पाकिस्तान ने कश्मीर में परोक्ष रूप से युद्ध छेड़ रखा था।[11]

एटमी हथियार हासिल करने के बाद से ही पाकिस्तान के आहिस्ता-

आहिस्ता होने वाले हमलों से ज़्यादा कारगर तरीके से न निपट पाने के लिए सैन्य और नागरिक मामलों को अलग-अलग रखने की व्यवस्था को भी दोषी माना गया। जहां एक ओर भारतीय सेना को देश की एटमी ताकत के बारे में अंधेरे में रखा गया वहीं पाकिस्तान में सेना को अपनी ताकत की पूरी जानकारी थी क्योंकि वो ही पूरे परमाणु हथियारों के कार्यक्रम को संचालित कर रही थी।

कारगिल कमेटी ने आगे लिखा कि, 'भारतीय प्रधानमंत्रियों ने परमाणु हथियारों के कार्यक्रम का समर्थन करते हुए भी अपने खुफिया विभाग और परमाणु हथियारों की व्यवस्था को एक दूसरे से बिल्कुल अलग रखा। प्रधानमंत्रियों के स्तर पर बरती गई इस गोपनीयता और अपनी पारंपरिक सैन्य बढ़त का सही तरीके से इस्तेमाल न कर पाने की वजह से पाकिस्तान का हौसला इतना बढ़ गया कि उसने भारत के खिलाफ 'परोक्ष रूप से युद्ध छेड़ दिया और अपनी सहूलियत के हिसाब से उसने कारगिल का वो खेल खेला जिसके सारे नियम उसके हक़ में थे।'

कारगिल कमेटी के इस आकलन में साफ तौर पर ये बात थी कि पाकिस्तान को हल्का खतरा मानकर या फिर ये मानकर कि पाकिस्तान ज़्यादा अहमियत नहीं रखता, भारत ने एक तरीके से पाकिस्तान को और आक्रामक होने के लिए प्रोत्साहित किया और कारगिल में पाकिस्तान सिर्फ़ इसीलिए परमाणु टकराव के मौके को टाल सका क्योंकि भारत ने

नियंत्रण रेखा पार नहीं की थी।

कारगिल ने पाकिस्तान की एक ज़िम्मेदार परमाणु शक्ति संपन्न राष्ट्र की साख पर सवालिया निशान खड़े कर दिए लेकिन जो समस्या कारगिल मामले के दौरान मुशर्रफ़ और उनकी टीम के रवैए से पैदा हुई वो कहीं ज़्यादा गंभीर थी।

केवल अंतरराष्ट्रीय दबाव ही इस क्षेत्र में परमाणु हथियारों के खतरे को खत्म नहीं कर सकता। चीन इस इलाके में शक्ति संतुलन के लिहाज से पाकिस्तान को समर्थन बदस्तूर जारी रखता है, हालांकि इसके बावजूद कारगिल के बाद से चीन के नेता और ज़्यादा खुलकर पाकिस्तान को इसकी भारत विरोधी गतिविधियों पर लगाम लगाने के लिए समझाते रहे हैं। अमेरिका के लिए भी पाकिस्तान के परमाणु हथियारों की सुरक्षा और तबाही के हथियार तैयार करने की इसकी महत्वाकांक्षा पर लगाम लगाना बड़ी प्राथमिकता बन चुका है।

अमेरिका को लगता है कि उनकी दखल की वजह से ही कारगिल संकट एक बड़े नाभिकीय टकराव में तब्दील होने से बच सका। पूर्व सीआईए विश्लेषक ब्रूस रीडेल कहते हैं कि किसी भी दूसरे राष्ट्रपति के मुकाबले क्लिंटन के लिए ये मामला राजनयिक तौर पर सबसे ज़्यादा संवेदनशील था। पाकिस्तानी प्रधानमंत्री नवाज़ शरीफ़ को पाकिस्तान समर्थित लड़ाकों को भारत के साथ जंग के मोर्चे से वापस बुलाने के लिए

सफलतापूर्वक राज़ी कर लेने का श्रेय उन्होंने क्लिंटन को दिया क्योंकि, 'ये जंग दुनिया के दो परमाणु शक्ति संपन्न देशों के बीच नाभिकीय युद्ध के रूप में बदल सकती थी।'

रिडेल उन तीन लोगों में से थे जो 1999 में अमेरिकी स्वतंत्रता दिवस के ठीक चौथे दिन वाशिंगटन डीसी में हुई उस असामान्य मुलाकात का हिस्सा थे जब शरीफ़ और क्लिंटन रू-ब-रू थे। अमेरिका के पास ये 'परेशान करने वाली जानकारी थी कि पाकिस्तान अपने परमाणु हथियारों का इस्तेमाल कर सकता था।' 'शरीफ़ हताश थे और इस संकट के और बढ़ने की वजह से बेहद चिंतित थे, लेकिन साथ ही साथ वो सत्ता पर अपनी पकड़ को लेकर भी उतने ही परेशान थे और उस धमकी की वजह से भी जो उनके फौजी जनरल उन्हें दे रहे थे, जिनकी इच्छा थी कि पाकिस्तान इस मामले पर और सख्त रुख अपनाए।'

हालांकि नवाज़ शरीफ़ को सियासत के दांव-पेंच 80 के दशक में राष्ट्रपति ज़िया-उल-हक़ और लेफ्टिनेंट जनरल गुलाम जिली खान ने सिखाए थे जो कि आईएसआई के ही पूर्व प्रमुख थे, लेकिन एक बार 1991 में प्रधानमंत्री बन जाने के बाद अब वो खुदमुख्तार हो चुके थे। एक पंजाबी कारोबारी के तौर पर शरीफ़ अब शहरी पंजाबियों के हितों और उनकी इच्छाओं की नुमाइंदगी करते थे। शरीफ़ और उनके पारंपरिक पंजाबी वोटर पाकिस्तानी राष्ट्रवाद के साथ ही इस्लामवाद से भरे थे,

लेकिन वो नहीं चाहते थे कि सियासत का रुख सेना तय करे। इसके साथ ही उनके अमेरिका के प्रति सम्मान और भारत के साथ बेहतर संबंधों की ख्वाहिश ने उन्हें उसी फौज से दूर कर दिया था, जिसने कभी उनका सियासी कैरियर जमाया था।

रिडेल के मुताबिक, उस दिन क्या बातचीत होनी थी ये तभी तय हो गया था जब क्लिंटन ने कथित तौर पर शरीफ़ के हाथ में अमेरिकी अखबार *शिकागो ट्रिब्यून* का वो कार्टून थमा दिया जिसमें पाकिस्तान और भारत को एक दूसरे के साथ परमाणु युद्ध करते हुए दिखाया गया था। इसके बाद शरीफ़ ने उम्मीद के मुताबिक ही 'कश्मीर मुद्दे की लंबी-चौड़ी दुहाई 'दी और क्लिंटन से अपील कर डाली कि 'वो इस मामले के जल्दी निपटारे के लिए भारत पर दबाव डालें।' लेकिन क्लिंटन इससे सहमत नहीं दिखे। उन्होंने शरीफ़ को याद दिलाया कि अमेरिका ने अरब देशों और इज़रायल के बीच जारी संघर्ष में दखल इसलिए दी क्योंकि दोनों ही पक्ष चाहते थे कि मध्यस्थता हो, लेकिन कश्मीर के साथ ऐसा नहीं था। उन्होंने शरीफ़ से कहा कि, 'सबसे बढ़िया रास्ता वो था जो लाहौर से शुरू हुआ था, यानी भारत के साथ सीधे संबंध बहाली का।' इसके साथ ही उन्होंने इसमें जोड़ा कि, 'पाकिस्तान ने कारगिल करने के साथ ही इस शुरुआत को खत्म कर डाला, और इससे पहले कि तबाही फैल जाए, उसे तुरंत अपने कदम पीछे खींचने होंगे।'

जितना ज़्यादा शरीफ़ ने कश्मीर मुद्दा खींचने की कोशिश की, उतना ही ज़्यादा क्लिंटन इस बात पर ज़ोर देते रहे कि हक़ीक़त यही है कि पाकिस्तानी सेना और उसके उग्रवादी नियंत्रण रेखा के गलत हिस्से में हैं और उन्हें वापस जाना होगा। रिडेन ने ध्यान दिलाया कि क्लिंटन ने चेतावनी दी कि इस मामले पर कोई सौदेबाज़ी करने की गुंजाइश नहीं है और ये भी न समझा जाए कि अमेरिका पाकिस्तान को इस बात के लिए कोई इनाम देने वाला है कि वो भारत के खिलाफ परमाणु हमले की धमकी न देने की बजाए सिर्फ़ आक्रामक रुख ही अख्तियार कर रहा है।

बातचीत के क्रम में एक वक्त ऐसा भी आया जब क्लिंटन ने धमकी दी कि, 'उन्होंने आज रात ही एक मसौदा तैयार कर लिया है जिसमें कारगिल संकट की सारी ज़िम्मेदारी पाकिस्तान पर डाली जाने वाली है,' वो काफी गुस्से में बोले। रिडेल को याद है कि क्लिंटन ने पूछा, 'क्या शरीफ़ पाकिस्तानी परमाणु मिसाइल ताकत का इस्तेमाल करने के लिए तैयार हैं? क्या वो समझते हैं कि ये कितना पागलपन भरा कदम होगा।'

इस हाहाकारी बैठक के बाद शरीफ़ ने पाकिस्तानी फौजों के कारगिल से वापस लौटने का एलान किया और नियंत्रण रेखा का सम्मान करने का फैसला किया। कुछ ही महीनों के बाद एक तख्तापलट में मुशर्रफ़ ने उन्हें गद्दी से हटा दिया। कारगिल संकट का दीर्घकालीन प्रभाव ये पड़ा कि नाभिकीय परीक्षणों के बाद के हालात में पाकिस्तान के साथ संबंध

बहाल करने का भारत का उत्साह जाता रहा। दिल्ली में बैठी सरकार अब कभी भी इस्लामाबाद पर इतना भरोसा नहीं करने वाली थी जितना वाजयेपी ने नवाज़ शरीफ़ पर दिखाया था। इससे भी बड़ी बात ये थी कि अमेरिका ने भी अब ये बात मान ली थी कि भारत के बजाए परमाणु हथियारों को लेकर पाकिस्तान का रवैया ज़्यादा लापरवाही भरा था।

रिडेल ने बिल्कुल सही बात कही थी कि, 'कारगिल संकट, दुनिया की दो सबसे बड़ी जम्हूरियतों अमेरिका और भारत के बीच संबंधों के सामान्य होने में तेज़ी लाने वाला साबित हुआ।'[12] उनके विचार में, भारत और अमेरिका की दोस्ती से आने वाले वक्त में पाकिस्तान को भारत के प्रति अपने रवैए पर पुनर्विचार करने पर मजबूर होना पड़ता, बशर्ते कि भारत अमेरिका के खिलाफ किसी पूर्वाग्रह में न फंस जाता।

अपने हिसाब से क्लिंटन ने मुशर्रफ़ को अलग-थलग करना और उन पर दबाव डालना शुरू किया था, लेकिन न्यूयॉर्क और वाशिंगटन में 11 सितंबर 2001 को हुए अल-कायदा के आतंकी हमलों के बाद ये काम आगे नहीं बढ़ सका। मुशर्रफ़ ने अपना कार्यकाल फौजी तानाशाह के तौर पर शुरू किया था, वो शुरुआती दिनों में अमेरिका के समर्थन के लिए बेकरार रहते थे, और उनके कार्यकाल में ही जम्मू-कश्मीर के अलावा भारत के दूसरे हिस्सों में भी जिहादी आतंकवादी हिंसा की घटनाओं में तेज़ी आ गई थी। जिहादियों का ठिकाना तालिबान के कब्ज़े वाले

अफगानिस्तान में था और वो नेपाल तथा बांग्लादेश के रास्ते भी भारत में अपनी गतिविधियां चला रहे थे। मिसाल के तौर पर जिहादी इंडियन एयरलाइंस की नेपाल से जा रही उड़ान को हाईजैक करके कंधार ले गए और तीन प्रमुख आतंकवादियों को भारत की जेलों से रिहा कराने में कामयाब रहे। 9/11 के हमलों की वजह से मुशर्रफ़ पर अफगानिस्तान में तालिबानी शासन से अपने रिश्ते खत्म करके अंतरराष्ट्रीय आतंकवाद के खिलाफ अमेरिकी गठबंधन का साथ देने का ज़बरदस्त दबाव आ गया। मुशर्रफ़ ने शुरुआत में अमेरिका की कुछ अल-कायदा आतंकवादियों को पकड़वाने में मदद की लेकिन अफगानी तालिबान और भारत विरोधी जिहादी गुटों को अपना समर्थन जारी रखा।

2002 में एक और युद्ध का खतरा पैदा हो गया, इस बार इसकी वजह बना भारतीय संसद पर आतंकवादी हमला, और इस बार भी अमेरिका ने भारत और पाकिस्तान के बीच बातचीत शुरू करवाने में मदद की। मुशर्रफ़ एक ओर भारत से बातचीत करते रहे जो कि एटमी हथियारों और आतंकवाद के साए में हो रही थी, वहीं दूसरी ओर अपनी इस योजना पर भी काम करते रहे कि ऐसे हालात में भी सीमित युद्ध छेड़ा जा सकता था, क्योंकि दोनों ही देशों के पास परमाणु हथियार होने की वजह से इन छोटी झड़पों के गंभीर रूप अख्तियार करने का खतरा नहीं रहता।

एक फौजी तानाशाह के तौर पर अपने नौ साल के कार्यकाल में

मुशर्रफ़ के दूतों ने कथित तौर पर बैक चैनल यानी गैर आधिकारिक बातचीत के ज़रिए कश्मीर मुद्दे पर एक निर्णायक प्रस्ताव तैयार करने के लिए भारतीय पक्षकार सतिंदर लांबा से बातचीत की थी। लेकिन इस बातचीत की गंभीरता और इसकी उपयोगिता तभी सवालों के घेरे में आ गई जब 2008 में मुशर्रफ़ के सत्ता से हटने के बाद इस 'लगभग तैयार हो चुकी डील' के बार में पाकिस्तान के विदेश मंत्रालय में कोई जानकारी नहीं मिली। मेरा पाकिस्तान के विदेश मंत्रालय में आगमन तब हुआ जब मुझे आम चुनावों के बाद प्रधानमंत्री यूसुफ रज़ा गिलानी ने एंबेसेडर एट लार्ज की ज़िम्मेदारी दी और मुझे पाकिस्तानी विदेश सचिव रियाज़ मोहम्मद खान ने बताया कि उनके और विदेश मंत्रालय के दूसरे अधिकारियों के पास इस बैक चैनल डील के बारे में कोई दस्तावेज़ मौजूद नहीं थे। उन्होंने मुझे इस बारे में फौज के प्रमुख जनरल अशफाक़ क़ियानी से बात करने को कहा जो कि पहले आईएसआई के मुखिया थे और वहां भी यही जवाब मिला कि शायद बातचीत को फिर से शुरू करना ही मुनासिब होगा। अगर वास्तव में मुशर्रफ़ ने कोई 'डील' तैयार भी थी तो ज़ाहिर था कि पाकिस्तानी सेना उस डील को पूरा होने देने के लिए राज़ी नहीं थी।

पाकिस्तान के इतिहास में पहली बार ऐसा हुआ कि राष्ट्रपति पद से 2008 में मुशर्रफ़ के हटने के बाद चुनी हुई सरकार ने अपना कार्यकाल

पूरा किया। हालांकि चुनी हुई सरकार ने किसी बड़ी विदेश नीति में कोई तब्दीली नहीं की और अब भी फौज की बात ही अंतिम होती थी। चुनावों के कुछ ही महीनों के भीतर ही सिविल सरकार के राष्ट्रपति आसिफ अली ज़रदारी की पहले एटमी हथियार इस्तेमाल न करने की नीति के प्रति दिखावे की रज़ामंदी वाली बातों और क्षेत्रीय एकता की धज्जियां तब उड़ गईं जब लश्कर-ए-तैयबा ने मुंबई 26 नवंबर 2008 को आतंकवादी हमला कर दिया।

2013 में नवाज़ शरीफ़ के सत्ता में लौटने के बाद एक बार फिर से बातचीत शुरू होने की उम्मीद नज़र आने लगी और ये तब और बढ़ गई जब 2014 में भारत में नरेंद्र मोदी प्रधानमंत्री बने। तब भी दोनों देशों ने शायद ही कभी परमाणु हथियारों के मसले पर बात की हो। अब तक इस मामले में दोनों देश एक ही समझौते पर पहुंचे थे जो कि 1989 में राजीव गांधी और बेनज़ीर भुटटो के बीच हुआ था जिसमें हर देश द्वारा दूसरे देश को सालाना तौर पर अपने परमाणु ठिकानों की सूची देनी थी।

हालिया बरसों में पाकिस्तान ने 'कम क्षमता वाले' रणनीतिक तौर पर कारगर एटमी हथियारों को तैयार करने पर काम करना शुरू कर दिया है जिन्हें युद्ध में तैनात किया जा सके। पाकिस्तानी सेना के जनरलों का दावा है कि ये कदम भारतीय युद्ध नीति 'कोल्ड स्टार्ट डॉक्ट्रिन' के जवाब में उठाया गया है जिसके लिए भारत का कहना है कि ये कोई नई नीति

नहीं है बल्कि युद्ध संबंधी ऑपरेशन का एक तरीका है जिसमें सेना की फिर से तैनाती की जाती है ताकि उसे तेज़ी से एक्शन में लाया जा सके।

लेफ्टिनेंट जनरल खालिद किदवई ने, जिन्होंने कई सालों तक पाकिस्तान के स्ट्रेटेजिक प्लान्स डिवीज़न के प्रमुख का पद संभाला, उन हालात का ज़िक्र किया है जिनमें पाकिस्तान किसी पारंपरिक युद्ध की स्थित में एटमी हथियारों का इस्तेमाल करेगा: 'जैसे कि भारत पाकिस्तान पर हमला कर दे और उसके एक बड़े इलाके पर कब्ज़ा कर ले, भारत पाकिस्तान के एक बड़े हिस्से को बर्बाद कर दे या भारत पाकिस्तान को आर्थिक तौर पर बर्बाद करने के लिए उसकी नाकेबंदी कर दे, भारत पाकिस्तान को राजनीतिक तौर पर अस्थिरता के हालात में झोंक दे या देश में बड़े पैमाने पर आंतरिक गड़बड़ियां पैदा कर दे।'[13] अब दूसरी ओर कोल्ड स्टार्ट को भारतीय परिप्रेक्ष्य के हिसाब से देखें तो ये एक ऐसी तकनीक है जिसमें पारंपरिक फौजें ही इस्तेमाल होंगी और एटमी हथियारों के इस्तेमाल की नौबत न आने देते हुए पाकिस्तान के परोक्ष युद्ध का जवाब दिया जाएगा।

2009 में विकिलीक्स पर जारी हुए एक डिप्लोटमेटिक केबल में उस वक्त के भारत में अमेरिकी राजदूत टिमोथी रोयमर ने लिखा था कि कोल्ड स्टार्ट डॉक्ट्रिन कभी मौजूद नहीं था और शायद इसमें जितने संसाधनों की ज़रूरत पड़ेगी उन्हें ध्यान में रखते हुए इसे युद्धक्षेत्र में कभी

इस्तेमाल ही न किया जा सकेगा। उन्होंने इसकी व्याख्या करते हुए इसे एक 'विकसित ऑपरेशनल अटैक प्लान' करार दिया जिसका एलान 2004 में किया गया और इसके पीछे का मकसद था कि किसी संकट की दशा में इसे महज 72 घंटों के भीतर फाइलों से निकालकर इस पर अमल किया जा सके।

रोयमर के मुताबिक, 'कोल्ड स्टार्ट किसी व्यापक हमले और पाकिस्तान पर कब्ज़ा कर लेने की योजना नहीं है बल्कि इसका मतलब है कि तेज़, समयबद्ध और पाकिस्तानी सीमा के भीतर निश्चित दूरी के अंदर जाकर वार करना जिसका मकसद भारत में हुए किसी आतंकवादी हमले का जवाब देना होता, इस तरह से एटमी हथियारों के इस्तेमाल की ज़रूरत पैदा किए बिना और पाकिस्तान राज्य के अस्तित्व को खतरे में डाले बिना उसे उसके किए की सज़ा दी जाती।'[14]

हालांकि पाकिस्तानी फौज, जो भारत और अमेरिका के बीच के परमाणु समझौते से पहले ही चिढ़ी हुई थी, उसने इस कोल्ड स्टार्ट को अपने एटमी हथियारों के ज़खीरे को बढ़ाने और उसे युद्धक्षेत्र में मौजूद कमांडरों के हाथ में सौंप देने का बहाना बना लिया। सामरिक हथियारों को, जिन्हें मिसाइल या प्लेन के ज़रिए गिराया जा सकता है, तैनात करने का निर्णय आमतौर पर जनरल और राजनेता करते हैं जो ज़्यादा व्यापक नज़रिए से सोच सकते हैं। वहीं दूसरी ओर कम एटमी क्षमता के 'सामरिक

परमाणु बम' फील्ड कमांडरों और जूनियर अधिकारियों के हाथों में रहने वाले हैं। दक्षिण एशिया के इस तनाव भरे युद्धक्षेत्र में ऐसे हथियारों के इस्तेमाल का दारोमदार जिनसे हज़ारों लोगों की मौत हो सकती है, फौज के किसी ब्रिगेडियर रैंक के अधिकारी के विवेक पर रहेगा, वैसे ही ब्रिगेडियर जो अमेरिकी पत्रकार लैंड्समैन से दक्षिण एशिया की इस समस्या का हल निकालने के लिए लाखों लोगों को मार देने की बात पर चर्चा कर रहे थे।

पाकिस्तानी जनरल आमतौर पर एटमी हथियारों को मानवता के लिए खतरे के तौर पर नहीं देखते। उनके लिए ये ज़्यादा ज़रूरी है कि भारत और पाकिस्तान एक श्रेणी में नज़र आएं। पाकिस्तान हमेशा ज़ोर देता है कि जो अमेरिका से भारत को मिलता है वो उसे भी मिलना चाहिए जैसे कि मिसाल के तौर पर सिविल न्यूक्लियर डील। अगर ऐसा नहीं होता है तो फिर पाकिस्तान अपने तरीके से भारत की बराबरी करने की कोशिश करेगा। वह और एटमी हथियार बनाएगा और अपने कर्नलों और ब्रिगेडियरों को इसके इस्तेमाल का अधिकार करने देगा। इस बात को बिल्कुल बेमानी समझा जाता है कि भारत और पाकिस्तान दोनों ही किसी परमाणु युद्ध के लिए तैयार नहीं हैं, (उदाहरण के लिए दोनों ने ही किसी एटमी हमले से अपने नागरिकों को बचाने के लिए शरणस्थल नहीं बनाए हैं)। भारत दुनिया की ताकत बनने के अपने लक्ष्य में उलझा है और

पाकिस्तान के साथ गंभीरता से चीज़ों पर बात नहीं करना चाहता, बाकी बातें छोड़िए सिर्फ़ परमाण हथियारों के मुद्दे पर कोई समझौता ही हो जिससे इस इलाके में नाभिकीय हथियारों की होड़ को रोका जा सके।

अभी तक परमाणु क्षेत्र में भारत की बराबरी करने के पाकिस्तान के प्रयासों को अंतरराष्ट्रीय स्तर पर ज़्यादा भाव नहीं मिला है। राष्ट्रपति जॉर्ज बुश ने भारत-अमेरिका परमाणु समझौते के बाद दोनों पड़ोसियों को एक बराबर करने के लिए पाकिस्तान के साथ किसी न्यूक्लियर डील की संभावना को खारिज कर दिया। उन्होंने दोनों देशों के परमाणु क्षेत्रों का ज़िक्र करते हुए 'बिल्कुल अलग इतिहास' होने का ज़िक्र किया जिसका संदर्भ पाकिस्तानी वैज्ञानिक ए.क्यू. खान द्वारा नाभिकीय हथियारों का बाज़ार खड़ा करने के साथ ही पाकिस्तान की कारगिल युद्ध में भूमिका और आतंकवाद को लगातार दिए जा रहे समर्थन को लेकर था।

पाकिस्तान के भौतिक विज्ञानी और सामाजिक कार्यकर्ता परवेज़ हूदभॉय ने कई बार ये तर्क दिया था कि ज़्यादा से ज़्यादा परमाणु हथियार रखना कोई शान की बात नहीं है। उन्होंने एक लेख में लिखा कि पाकिस्तान के पास पहले से ही हिरोशिमा पर गिराए गए बम के बराबर 120 परमाणु वॉरहेड हैं जिन्हें बढ़ाकर 350 किया जा सकता है। इस तरह से ये संख्या फ्रांस (290), चीन (240) और ब्रिटेन (190) के पास मौजूद परमाणु बमों की संख्या से भी ज़्यादा हो जाएगी, तो आखिर पाकिस्तान

को कितने परमाणु हथियार रखने चाहिए और साथ में ये भी लिखा कि 70 साल पहले सिर्फ़ एक बम गिरा था और हिरोशिमा राख के मलबे में बदल गया था।

हूदभॉय ने इस बात का गम ज़ाहिर किया था कि अगर पाकिस्तान और भारत अपने मौजूदा परमाणु हथियारों के जखीरे का आधा भी इस्तेमाल कर लेंगे तो जो रेडियोधर्मी विकिरण पैदा होगा उसमें सिर्फ़ भारत और पाकिस्तान ही भस्म नहीं हो जाएंगे बल्कि पूरी दुनिया में एक बड़ा पर्यावरण संकट पैदा हो जाएगा, लेकिन बावजूद इसके कोई इस ज़खीरे पर लगाम लगाने के लिए तैयार नहीं है। उन्होंने ज़ोर देकर कहा कि, 'बचाव सिर्फ़ एक मनोवैज्ञानिक स्थिति है और इस उपमहाद्वीप में किसी को भी इस बात का अंदाज़ा नहीं है कि उसके लिए कितना ज़खीरा ज़रूरी है।' हूदभॉय ने 1980 और 1990 के दशक में भारतीय रणनीतिकार के.। सुब्रह्मणयम के साथ बातचीत का ज़िक्र किया जिन्होंने कहा था कि, 'नाभिकीय हथियारों की होड़ एक शीत युद्ध के दौर का विचार है और ये इस उपमहाद्वीप की मानसिकता से बिल्कुल मेल नहीं खाता है।' बिना किसी हिचकिचाहट के इस बात को मान लिया गया था कि ज़्यादा समझदार माने जाने वाले दक्षिण एशियाई एक दूसरे का सिर्फ़ उतना ही नुकसान करेंगे 'जितने की उन्हें ज़रूरत होगी।'

लेकिन फिर बहुत सालों तक सुब्रह्मणयम को ये भी यकीन था कि

पाकिस्तान नाभिकीय हथियार नहीं बना सकता, भारत सिर्फ़ चीन से बचाव के लिए या फिर दुनिया में परमाणु शक्ति विहीन और परमाणु शक्ति संपन्न देशों के भेदभाव के खिलाफ़ अपना पक्ष रखने की नीयत से ऐसा करेगा। विभाजन के दौर में मिली कड़वाहट के अलावा अब वह भी पाकिस्तान के साथ एक हथियारों की होड़ में फंस चुका है। हूदभॉय के मुताबिक, 'भारत और पाकिस्तान दोनों ही इस परमाणु-सैन्य-औद्योगिक गठजोड़ के उभार को देख रहे हैं जो उनकी प्राथमिकताओं को गलत तरीके से बदल रहा है।'[15] वो हर किसी को याद दिलाते हुए कहते हैं कि अगर परमाणु युद्ध हुआ तो भारत और पाकिस्तान दोनों ही जीतेंगे लेकिन इसके अंत में कोई नहीं बचेगा।

पाकिस्तान ने हर मामले में भारत की बराबरी करने की अपनी कभी न खत्म होने वाली ललक और विभाजन को पलट देने के भारत के मंसूबे के डर की वजह से परमाणु हथियार तैयार किए। हालांकि पाकिस्तानी परमाणु शक्ति संपन्न ताकत बन जाने में काफी फख्र महसूत करते हैं लेकिन एटमी हथियारों ने न तो पाकिस्तान को और ज़्यादा सुरक्षित बनाया है और न ही भारत के साथ वो बराबरी दिलाई है जिसकी हमेशा पाकिस्तान को तलाश रहती है। वहीं दूसरी ओर भारत ने पाकिस्तान को सांत्वना देते हुए इस परमाणु हथियारों की होड़ को खत्म करने के लिए कुछ खास नहीं किया। भारत ने खुद को क्षेत्रीय तरीके से देखने की बजाए

वैश्विक तौर पर अपनी हैसियत को तैयार करने की वजह से वह उन खतरों को नज़रअंदाज़ करता हुआ दिखता है जो एक दूसरे के दुश्मन पड़ोसियों के पास परमाणु हथियार होने की सूरत में होते हैं। इस इलाके में आतंकवाद ने हालात और बिगाड़ दिए हैं जिसके चलते इस खतरे का वो पहलू भी जुड़ गया जो कि शायद परमाणु हथियारों की उत्पत्ति के समय दुनिया के सामने मौजूद नहीं था। इससे पहले कभी भी परमाणु शक्ति संपन्न देशों को खुद अपनी ही धरती पर आतंकवाद से खतरे को नहीं झेलना पड़ा था।

4

अस्थायी युद्ध जैसा ही है आतंकवाद

मार्च, 2016 में पाकिस्तान के राष्ट्रीय सुरक्षा सलाहकार रिटायर्ड लेफ्टिनेंट जनरल नसीर खान जंजुआ ने अपने भारतीय समकक्ष अजीत डोवाल से एक ख़ुफ़िया जानकारी साझा की। इस ख़ुफ़िया जानकारी में बताया गया था कि शिवरात्रि के उत्सव के दौरान भारत के गुजरात में पाकिस्तानी आतंकियों ने आतंकी हमले की योजना बनाई है। जंजुआ ने डोवाल को बताया कि लश्कर-ए-तैय्यबा और जैश-ए-मोहम्मद के दस आत्मघाती आतंकी गुजरात में घुस चुके हैं और गुजरात में उन्होंने नवंबर 2008 में हुए मुंबई हमले जैसी योजना बनाई है। गौरतलब है कि मुंबई में हुए आतंकी हमले में 166 नागरिकों की जान गई थी।[1]

पाकिस्तान की इस ख़ुफ़िया जानकारी का नतीजा था कि गुजरात में सुरक्षा एजेंसियों की तादाद बहुत ज़्यादा बढ़ा दी गयी। एनएसजी की चार टीमों को अहमदाबाद एयरपोर्ट पर तैनात कर दिया गया। सशस्त्र पुलिस को महत्वपूर्ण इमारतों और सार्वजनिक इलाकों की कड़ी सुरक्षा के आदेश दिए गए। ऐतिहासिक सोमनाथ मंदिर को इस तरह के किसी भी हमले से बचाने के लिए एक किले में तब्दील कर दिया गया। इसी तरह के सुरक्षा इंतज़ाम इस आशंका के साथ दिल्ली में भी कर दिए गए कि कहीं हमला गुजरात में न होकर दिल्ली में हो जाए।[2]

अंततः शिवरात्रि के मौके पर कोई आतंकी हमला नहीं हुआ। पाकिस्तान का ख़ुफ़िया सूचना साझा करने का कदम शायद अमेरिका

और भारत के दबाव का नतीजा था जो दोनों ने भारतीय पंजाब के पठानकोट एयरबेस पर हुए आतंकी हमले के बाद पाकिस्तान पर डाला था। इस हमले के बाद भारत ने अपने विदेश सचिवों की तय मुलाकात को टाल दिया था वहीं पाकिस्तान के प्रधानमंत्री नवाज़ शरीफ़ किसी तरह फिर से वार्ता करने को इच्छुक थे। दिल्ली के राजनायिकों ने पाकिस्तान की इस इच्छा को 'द्विपक्षीय संकट को (युद्ध तक के संकट को) टालने की तरकीब करार दिया।'[3] इसकी संभावना कम ही मानी गई थी कि इसके ज़रिए भारत में हो सकने वाले जान-माल के नुकसान को कम किए जाने की सदिच्छा थी। जिहादी ब्लॉगों पर पाकिस्तान में नागरिक सरकार पर आरोप लगाए गए कि वह भारत के सामने घुटने टेक रही है। वह ख़ुफ़िया जानकारी बेच रही है जिससे भारत उपमहाद्वीप में अल-क़ायदा पर निशाना साध सके। इन ब्लॉगों में एक पर आर्टिकल था कि जंजुआ ने पूर्व में भी भारत को एक ख़ुफ़िया सूचना दी थी जिससे दिसंबर 2015 में वह एक आतंकी सेल को नेस्तनाबूद करने में कामयाब रहा था।

पठानकोट एयरबेस पर हमला 2 जनवरी 2016 को हुआ। इसका मकसद साफ था कि यह हमला भारत और पाकिस्तान के रिश्तों में आ रही गर्मी को खत्म करने के उद्देश्य से किया गया। दरअसल यह गर्मी भारतीय प्रधानमंत्री नरेंद्र मोदी की कोशिशों से आई थी। इस घटना के एक हफ्ते पहले ही वह क्रिसमस के दिन लाहौर में आकर रुके थे।

भारतीय इस बात से सन्न रह गए कि हथियारबंद आतंकियों का एक गुट भारतीय सेना की वर्दी में एयरबेस में घुस गया और गोलीबारी कर रहे इस गुट को काबू करने में भारतीय सेना को तीन दिन लग गए, वह भी तब जब यह एयरबेस पाकिस्तान की सीमा से महज 35 किलोमीटर दूर है। शुरुआत में भारत-विरोधी कश्मीरी आतंकी मोर्चे यूनाइटेड जिहाद काउंसिल ने इस हमले की ज़िम्मेदारी ली पर बाद में भारतीय ख़ुफ़िया एजेंसियों ने इसकी ज़िम्मेदारी जैश-ए-मोहम्मद पर डाल दी। जैश उन 72 आतंकी संगठनों में है जो पाकिस्तान में आधिकारिक प्रतिबंध होने के बावजूद अपनी गतिविधियां जारी रखे हुए हैं।

मोदी ने पाकिस्तान से हमले पर त्वरित प्रतिक्रिया की मांग की। शरीफ़ पठानकोट के हमलावरों की जांच और उसमें पाकिस्तानी हाथ होने की तफ्तीश करने पर राज़ी हो गए। दोनों ही नेता उस बातचीत को खत्म नहीं करना चाहते थे जिसे उन्होंने हाल में ही फिर से शुरू की थी। इसके तुरंत बाद पाकिस्तानी ख़ुफ़िया एजेंसी ने पठानकोट से जुड़े बहुत से साक्ष्य मांगे जबकि पाकिस्तानी मीडिया इस हमले को पाकिस्तान को बदनाम करने की भारतीय साज़िश की तरह पेश करता रहा। भारतीय अधिकारियों द्वारा दिए गए पांच सेलफोन नंबर जिनसे पाकिस्तान से भारत फोन करने की बात कही गई थी वे रजिस्टर्ड ही नहीं थे और गलत पतों पर पाए गए।[4] भारत ने पाकिस्तानी जांच टीम को पठानकोट हमले की जांच के लिए

भारत आने देने का फैसला लिया। इससे भारत यह साबित करना चाहता था कि वह मामले की तह तक जाने के लिए पूरी तरह संजीदा है। आमतौर पर दुश्मन की तरह एक दूसरे से बर्ताव करने वाले भारत और पाकिस्तान अपने देशों के मिलिट्री बेस पर दूसरे देश के ख़ुफ़िया अफसरों को आने की इजाज़त नहीं देते।

संयुक्त जांच की इस कोशिश को पठानकोट हमले की पहेली सुलझाने में उतनी कामयाबी नहीं मिली जितना इसके बारे में सोचा गया था। उल्टे पाकिस्तानी समाचार पत्रों ने प्रचारित किया कि पाकिस्तानी जांच टीम ने इस हमले को भारत द्वारा पाकिस्तान के खिलाफ एक ज़हरीले प्रचार के हथकंडे की तरह पाया जिसे भारत हमेशा उसके खिलाफ इस्तेमाल करता है, वह भी तब जब 'उसके पास अपने दावों को साबित करने के लिए कोई ठोस सबूत नहीं होते।'[5] वहीं भारतीयों का दावा था कि उन्होंने जो साक्ष्य पेश किए उससे यह साबित होता है कि पठानकोट हमले की योजना पाकिस्तान में ही बनी थी और पाकिस्तानी अधिकारी इन सुबूतों का खारिज नहीं कर सके।[6]

भाईचारे और सहयोग की जनभावना के सार्वजनिक प्रदर्शन, गुजरात में आतंकी हमले को टालने के लिए पाकिस्तानी मदद और इस संयुक्त जांच के बावजूद इन घटनाओं ने संबंधों में रोड़ा अटका दिया। पाकिस्तान ने एलान किया कि उसने एक भारतीय जासूस को गिरफ्तार किया है

जिसने पाकिस्तान के बलूचिस्तान प्रांत और कराची में आतंकवाद का समर्थन करने की बात कुबूल ली है। अप्रैल 2016 में पाकिस्तान ने घोषणा की कि भारत द्वारा पाकिस्तान के खिलाफ उठाए गए कदमों के मद्देनज़र वार्ता को फिलहाल टाल दिया गया है। आतंकियों के खिलाफ मिलकर काम करने के एक मौके को बयानों के कभी ना खत्म होने वाले युद्ध में तब्दील कर दिया गया। जनसंपर्क और सूचना का ऐसा युद्ध जो आतंकी गतिविधियों के साथ-साथ सीमाओं के दोनों तरफ लगातार चलता रहता है।

गुजरात में होने वाले संभावित हमले की सूचना साझा करना भारत और पाकिस्तान के बीच ख़ुफ़िया सूचनाओं के आदान-प्रदान का पहला मौका नहीं था। एक दशक पहले भारत की अंतर्राष्ट्रीय ख़ुफ़िया एजेंसी रिसर्च एंड एनालिसिस विंग (रॉ) ने अपने टैप किए गए फोन कॉल के आधार पर पाकिस्तान को सूचना दी थी कि 15 दिसंबर 2003 को पाकिस्तान के तत्कालीन राष्ट्रपति परवेज़ मुशर्रफ़ की हत्या करने की योजना बनाई गई है। हालांकि आईएसआई ने हमले को होने दिया जिससे वह इसकी साजिश रचने वालों को पकड़ सके लेकिन मुशर्रफ़ पर जब हमला हुआ तो भारतीय ख़ुफ़िया एजेंसी की सूचना के आधार पर पाकिस्तानी सुरक्षा बलों ने राष्ट्रपति मुशर्रफ़ को सकुशल बचा लिया।

जंजुआ और डोवाल ने भले ही एक सीधा चैनल विकसित कर लिया

हो जिसकी वजह से गुजरात हमलों को टाला जा सका लेकिन पाकिस्तान और भारतीय ख़ुफ़िया एंजेंसियों के प्रमुखों ने यह रवायत अतीत में कई बार निभाई है। जम्मू-कश्मीर में नियंत्रण रेखा के आस-पास आतंकवाद को कम करने की दृष्टि से वे 2003 की गर्मियों से ख़ुफ़िया तौर से मिलने लगे थे। मुशर्रफ़ की जान बचाने वाली सूचना रॉ के प्रमुख सी.डी. सहाय और आईएसआई के प्रमुख लेफ्टिनेंट जनरल एहसान-उल-हक़ के बीच संवाद का ही नतीजा था। हक़ और सहाय की दोनों देशों से इतर दूसरे देशों में होने वाली इन ख़ुफ़िया मुलाक़ातों का ही परिणाम था कि एक अघोषित युद्धविराम नियंत्रण रेखा पर लागू हुआ और जम्मू-कश्मीर में आतंकी घुसपैठ को रोकने के लिए भारत को घुसपैठ वाले रास्तों पर बाड़ लगाने की आज़ादी मिल सकी।

मुशर्रफ़ और वाजपेयी सरकारों के बीच अमेरिकी हस्तक्षेप से शुरू हुई ख़ुफ़िया जानकारी के आदान-प्रदान का तरीका इतना सशक्त नहीं था कि वह भारत में काम कर रहे पाकिस्तानी आतंकियों को खत्म करने या सज़ा दिलाने में समर्थ होता। दोनों पक्ष बाद में यह मानने लगे थे कि इस आदान-प्रदान में काम की ख़ुफ़िया जानकारी बहुत कम होती है। और जितनी भी थोड़ी बहुत जानकारियों का आदान-प्रदान होता था वो भी पांच साल बाद तब पूरी तरह नष्ट हो गया जब मुंबई में 26/11 के हमले हुए।

इससे पहले 1987 में रॉ के प्रमुख ए.के. वर्मा और उनके पाकिस्तानी समकक्ष हामिद गुल ने स्विटज़रलैंड में एक ख़ुफ़िया मीटिंग की थी। लेकिन जम्मू-कश्मीर में आतंकवाद की शुरुआत के साथ ही सूचनाओं के आदान-प्रदान की इस मीटिंग का परिणाम शुरू होने से पहले ही खत्म हो गया। वर्मा और गुल की यह मीटिंग पाकिस्तान के तानाशाह शासक जनरल ज़िया-उल-हक़ और तत्कालीन भारतीय प्रधानमंत्री राजीव गांधी के निर्देश पर हुई थी। इस मीटिंग का उद्देश्य युद्ध के उस खतरे को खत्म करना था जो भारत के मुताबिक भारतीय पंजाब में खालिस्तान आतंकवाद को पाकिस्तान के समर्थन के चलते उत्पन्न हो गया था।[7]

वास्तव में आईएसआई और रॉ एक दूसरे पर आतंकी हमलों को लेकर दिए जाने वाले ख़ुफ़िया जानकारियों को लेकर भरोसा ही नहीं करते। आईएसआई का मानना है कि रॉ ने 1971 में पाकिस्तान के टुकड़े कराए जब उसने बंगाली राष्ट्रवादियों की मदद की। इसके साथ ही रॉ पाकिस्तान के सिंध, बलूचिस्तान और खैबर पख्तूनख्वाह में फिर वही कहानी दोहराना चाहता है। वहीं रॉ का मानना है कि आईएसआई आतंकवाद का सहारा लेकर बार-बार भारत को घेरने की कोशिश करता रहता है जिससे भारत और पाकिस्तान के बीच संघर्ष और संकट लगातार बना रहता है। दोनों ही ख़ुफ़िया एजेंसियां दशकों से जासूसी के बदले जासूसी मॉडल पर काम करती रही हैं।

बांग्लादेशियों को स्वतंत्रता दिलाने में भारत की भूमिका और खासकर रॉ की सक्रियता के स्पष्ट दस्तावेज़ हैं। उतने ही स्पष्ट दस्तावेज़ पाकिस्तान के पंजाबी नेताओं द्वारा बंगालियों के उत्पीड़न के भी है जिसकी वजह से रॉ के संस्थापक प्रमुख रामेश्वर नाथ काओ को अपनी उन योजनाओं को अमली जामा पहनाने का मौका मिला जिनके तहत रॉ ने बांग्लादेशियों की सेना मुक्तिवाहिनी को प्रशिक्षण और मदद दी। जबकि बांग्लादेश युद्ध से यह सीखा जाना चाहिए था कि गुस्साई जनता से परहेज़ करना चाहिए क्योंकि यही जनता आगे चलकर दुश्मन देशों द्वारा प्रशिक्षित अलगावादी बन सकती है।

बजाए इसे समझने के, पाकिस्तानी सेना के बड़े अधिकारी 1971 के बाद से ही सिर्फ़ अपनी हार का बदला लेने के लिए बांग्लादेश में हासिल भारतीय सफलता की नकल करना चाहते हैं। इसके साथ ही कभी-कभार कुछ भारतीय भी उसी सफलता को फिर से दोहराना चाहते हैं हालांकि वैश्विक राजनीति में आए बदलाव और महाद्वीप में परमाणु हथियार की उपलब्धता ने इसे अब करीब-करीब नामुमकिन बना दिया है। मुक्तिवाहिनी ने बांग्लादेश के ग्रामीण इलाकों और कुछ जगहों पर भले ही कब्ज़ा कर लिया था पर पाकिस्तानी सेना के बांग्लादेश के शहरों से नियंत्रण को तो भारतीय सेना ने ही खत्म किया था। अब दोनों में कोई देश इस तरह के दुस्साहस और रणनीति को दोहरा नहीं सकता

क्योंकि दोनों को डर है कि इस तरह कोई युद्ध परमाणु युद्ध में तब्दील हो सकता है।

यही कारण है कि पाकिस्तान और भारत शीत युद्ध, छद्म युद्ध का सहारा ले रहे हैं जिसका परिणाम बांग्लादेश जैसा निर्णायक तो हो ही नहीं सकता बल्कि यह किसी नतीजे तक भी नहीं पहुंचा सकता है। भारत और करीब-करीब पूरा विश्व पाकिस्तान को जिहादियों की नर्सरी के तौर पर कटघरे में खड़ा करता है। एक ऐसी नर्सरी जिसमें आतंकियों को पाकिस्तान की रणनीति का एक हिस्सा बनाया जाता है और इसके ज़रिए पाकिस्तान अफगानिस्तान और भारत में अपने रणनीतिक ध्येय साधने की कोशिश कर रहा है। भले ही पाकिस्तान किसी तरह का हाथ होने से इन्कार करे पर इस बात में अब कोई शक नहीं है कि भारत विरोधी आतंकियों को फंडिंग और प्रशिक्षण पाकिस्तान से ही मिलता है। पाकिस्तान के इस दावे को पाकिस्तान से बाहर बिलकुल समर्थन नहीं मिलता कि आतंकी कश्मीरी, मुस्लिम और दूसरे शोषित अल्पसंख्यक वर्गों का प्रतिनिधित्व करते हैं। इस तरह के दावों की दुनिया के हर देश में खिल्ली उड़ाई जाती है कि, भारत अपने खिलाफ खुद ही आतंकी हमले करवाता है ताकि वह पाकिस्तान को लगातार गुनहगार ठहराता रहे, लेकिन बड़ी तादाद में पाकिस्तानी इस पर पूरी तरह से भरोसा करते हैं।

भारत और पाकिस्तान दोनों ही पिछले 25 सालों से आतंकी हमलों

के शिकार रहे हैं जिसमें ज़्यादातर पाकिस्तान और भारत के बीच कलह की वजह से ही हुए। यह मुमकिन है कि भारत छिपकर पाकिस्तान के कुछ हिस्सों में कट्टरपंथी जातीय आंदोलनों का समर्थन करता हो लेकिन पाकिस्तान एक भी ऐसे साक्ष्य नहीं दे सका जो कि भारत को बाकी दुनिया की नज़र में रत्ती भर का गुनहगार ठहराता हो, भले ही इसके बारे में पाकिस्तान दशकों से लगातार शिकायत करता हो। वहीं अंतरराष्ट्रीय समुदाय पाकिस्तान पर आतंकी समूह की फंडिंग, हथियार सप्लाई, प्रशिक्षण और उनकी देख-रख कर उन्हें राज्य स्तर पर मदद करने का आरोप आराम से मढ़ देता हैं।

एक वेबसाइट *साउथ एशिया टेररिज़्म पोर्टल* के मुताबिक क्षेत्र में आतंकवाद और हिंसा की वजह से कुल 64916 लोग भारत में राजनीतिक हिंसा के शिकार हुए हैं। 1994 से मार्च 2016 के इन आंकड़ों में मरने वालों में 24688 नागरिक, 9731 सुरक्षा कर्मी और 30497 आतंकवादी शामिल हैं। हिंसा के इन आंकड़ों में कश्मीरी जिहादी, अन्य इस्लामिक चरमपंथी, हिंदुत्व अतिवादी, माओवादी, पूर्वोत्तर के विद्रोही और पंजाब के खालिस्तानी उग्रवादी शामिल हैं।[8] इस पूरे आंकड़े को देखें तो साफ है कि कुल हिंसा का दो तिहाई रक्तपात जम्मू-कश्मीर में हुआ जहां 1988 से लेकर अब तक 47234 आतंकी घटनाओं को अंजाम दिया गया है। भारतीय अधिकारियों के मुताबिक इनमें 14725 नागरिक, 6193

सुरक्षाबल के जवान और 22996 आतंकी जम्मू-कश्मीर में मारे गए हैं।[9]

पाकिस्तान में भी आतंकवाद की वजह से वर्ष 2003 से अब तक 60388 जानें गई हैं। यह वह समय था जब इस्लामी आतंकवादियों ने अपने ही देश को निशाना बनाना शुरू कर दिया था। 10 अप्रैल 2016 तक 21083 आतंक संबंधी मौतें हो चुकी हैं जबकि 6454 सुरक्षा कर्मियों और 32851 आतंकी भी मारे गए।[10]

1989 के बाद से पाकिस्तान भी जातीय आतंकवाद की 3020 घटनाओं का गवाह बना है। इनमें अतिवादी सुन्नी जिहादी समूहों ने शिया और अहमदी लोगों को निशाना बनाया जिससे 5000 लोगों को अपनी जान गंवानी पड़ी।[11]

ज्यादातर लोग जिहादी आतंकवाद का जन्म सोवियत विरोधी अफगान युद्ध (1979—88) को मानते हैं। जम्मू-कश्मीर में आतंकी घटनाओं की शुरुआत 1989 में हुई जब दिल्ली ने राज्य की राजनीति में अपना दखल बढ़ा दिया। खासकर 1987 के राज्य विधानसभा के चुनाव के बाद, जिनमें भारी गड़बड़ी के आरोप लगे थे। पाकिस्तानी थिंक टैंक और रणनीति में दरअसल अस्थायी युद्ध को 1950 के दशक से मान्यता मिली है। वे उसे पूर्ण युद्ध के बराबर ही मानते हैं। तभी तो जम्मू-कश्मीर में 1948 में ही कबायली आतंकियों से हमला कराया था। यह बात और है कि उस समय पाकिस्तान की कोई सैन्य नीति नहीं बनी थी। समय के

साथ ही अस्थायी युद्ध की सोच का दायरा लगातार बढ़ता गया और इसी सोच ने कई तरह के उग्रवाद, चरमपंथ और आतंकी हमलों का समर्थन करने की ज़मीन तैयार की। भारत से आकार में छोटा होने की वजह से पाकिस्तान पूर्ण युद्ध में तो उतनी सफलता हासिल नहीं कर सकता लेकिन उसकी उम्मीद है कि भारत के शहरों में जनजीवन को अस्त-व्यस्त करके और चारों तरफ दहशतगर्दी के सहारे वह भारत को घुटने टेकने पर मजबूर कर देगा।

1958 में फील्ड मार्शल अयूब खान ने बहुत शान से पाकिस्तान के काबिल और भरोसेमंद सैनिकों की बड़ाई करते हुए अमेरिकियों को बताया था कि उन्हें लड़ाई के लिए सिर्फ़ अत्याधुनिक साज़ो सामान चाहिए, बाकी युद्ध उनकी सेना के काबिल लोग जीत लेंगे।[12] अयूब के राष्ट्रीय पुनर्निर्माण ब्यूरो के सदस्य रहे अधिकारी असलम सिद्दीकी ने तो यहां तक कह दिया था कि पाकिस्तान को उस दिन की तैयारी शुरू कर देनी चाहिए जब उसका अमेरिका के साथ गठबंधन खत्म होगा और इसके लिए पाकिस्तान को 'अपनी विचारधारा और आंतरिक शक्ति पर भरोसा करना होगा', उन्होंने अनधिकृत आतंकियों के ज़रिए जिहाद को आगे बढ़ाने की वकालत की थी। उन्होंने लिखा था कि 'पाकिस्तान अपने मानव संसाधन और लड़ाकों की वजह से काफी भाग्यशाली है,' उन्होंने पाकिस्तानियों को अपने पारंपरिक छद्म युद्ध की याद दिलाते हुए

कहा था कि 'पूरी तरह से सुसज्जित सेना पर निर्भर रहने के बजाए क्यों न हम अस्थायी युद्ध लड़ने वाले लड़ाकों को तैयार करें जिन्हें तैयार करने के लिए पाकिस्तान पूरी तरह से सक्षम और सुसज्जित है?'[13]

अस्थायी युद्ध के सिद्दीकी के सिद्धांत के मुताबिक इस युद्ध में 'अपनी मारक क्षमता को ज़्यादा से ज़्यादा फैलाना और हमले को टालना ज़रूरी है। इस युद्ध में विरोधी को कोई एक लक्ष्य नहीं दिया जाता, साथ ही उसपर कई अनपेक्षित जगहों पर हमले बार-बार किए जाते हैं।'[14] उनके विचार के मुताबिक पाकिस्तान के लिए युद्ध का मतलब औपचारिक सैनिक और अस्थायी अनौपचारिक लड़ाकों का मिला-जुला रूप है। इस सिद्धांत का इस्तेमाल पाकिस्तान ने ज़मीन पर 1965 के युद्ध में किया। उस समय कश्मीर में उठ रही विद्रोह की चिन्गारी को हवा देने की ज़िम्मेदारी अस्थायी लड़ाकों और आतंकवादियों को देनी थी। इससे भारत के खिलाफ माहौल बनता जिससे कश्मीर घाटी में सामान्य सेनाओं को घुसपैठ करने वहां पर कब्ज़ा जमाने का मौका मिलता।

इस सिद्धांत को 1980 के दशक में तब ताकत मिली जब अमेरिका ने सोवियत संघ को धूल चटाने के लिए पाकिस्तान के मुजाहिदीनों का समर्थन करने की योजना बनाई। अफगानी जिहाद ने पाकिस्तान में बहुत पैसे, हथियार और लड़ाकों के भारत आने का रास्ता खोल दिया। पाकिस्तानियों को अरब और अफगान जिहादियों के साथ ही ट्रेनिंग दी

जाने लगी। सभी को हमले करने और बम बनाने की बहुत-सी नई तकनीकों से उन्हें रू-ब-रू और सिद्धहस्त कराया गया।[15] पाकिस्तानी सुरक्षा एजेंसियों ने इनमें से कुछ तकनीकों को खालिस्तानी उग्रवाद के सिख आतंकियों को दे दिया। ''हमला करो-दहशत फैलाओ-भागो या मर जाओ'' रवैए का सबसे बड़ा फायदा यह था कि वास्तविक युद्ध की तरह इसमें सेनाओं से सीधे संघर्ष का जोखिम नहीं था। ठीक उसी तरह जैसे गुरिल्ला युद्ध से अफगानियों ने सोवियत सेनाओं को नाकों चने चबवा दिए, इस कदर कि उसे अपनी सेनाएं वापस बुलानी पड़ीं, यह मान लिया गया कि पाकिस्तान का नया जिहादी या खालसा उग्रवादी भारत को इतने ज़ख़्म देगा कि भारत घुटने टेक देगा।

मार्च 1987 के बाद की राजनैतिक स्थितियों ने इस काम को अंजाम देन का मौका दिया। जम्मू-कश्मीर के विधानसभा चुनाव ने बिल्ली के भाग से छींका तोड़ दिया। सत्ताधारी गठबंधन जिसमें जम्मू-कश्मीर की नेशनल कॉन्फ्रेंस के नेता फारुक अब्दुल्ला और भारतीय राष्ट्रीय कांग्रेस (आई) थे, उनको पाकिस्तान समर्थक अलगावादियों के मोर्चे मुस्लिम यूनाइटेड फ्रंट (एमयूएफ) ने चुनाव में चुनौती दी। एमयूएफ को राज्य की 76 विधान सभा सीटों में सिर्फ़ आठ पर ही जीत हासिल हुई पर उसे मिले 34 फीसदी वोटों ने सबको चौंका दिया। हालांकि इन मतों में निर्दलीय उम्मीदवारों का वोट भी शामिल था।[16] सत्तारूढ़ गठबंधन ने 66 सीटें

जीतीं और भारत समेत दुनिया के सभी चुनाव विश्लेषकों का मानना था कि इन चुनावों में बड़े पैमाने पर गड़बड़ी हुई है। कश्मीर घाटी में राज्य विधानसभा के विवादित चुनाव के विरोध में प्रदर्शन शुरू हो गए। पाकिस्तानी ख़ुफ़िया एजेंसियों ने असंतुष्ट कश्मीरी युवकों की बाक़ायदा भारत के खिलाफ आतंकवाद को नए आयाम देने के लिए भर्ती की। कुछ समय में ही कश्मीरी युवकों की जगह जिहादी समूहों ने ले ली जिससे लड़ाई का आयाम बढ़ गया।

बहुत साल तक पाकिस्तानी अधिकारी लगातार यह तर्क देते रहे कि वो जम्मू-कश्मीर की वारदात को आतंकवाद नहीं मानते हैं। इस्लामाबाद ने अपना आधिकारिक पक्ष हमेशा से यही रखा कि यह इलाका विवादित क्षेत्र है ऐसे में यहां का उग्रवाद दरअसल कश्मीरी जनता का स्वतंत्रता संघर्ष है। इस तर्क की हवा तब निकल गई जब आईएसआई ने कश्मीरी समूहों जैसे जम्मू-कश्मीर लिबरेशन फ्रंट (जेकेएलएफ) और हिज़्बुल मुजाहिदीन से अपना समर्थन हटाकर जिहादी समूहों जैसे हरकत-उल-अंसार, हरकत-उल-मुजाहिदीन, लश्कर-ए-तैय्यबा और जैश-ए-मोहम्मद को दे दिया।

इसके साथ ही शुरुआत में कश्मीर घाटी के अंदर हमलों के बाद पाकिस्तानी समूहों ने अपने ऑपरेशन का दायरा पूरे देश में फैला दिया। पश्चिमी देशों के नागरिकों का 1993 में अपहरण, 1999 के इंडियन

एयरलाइंस के विमान के कंधार हाइजैक ने इस तर्क को नष्ट कर दिया कि लड़ाके "आतंकी नहीं स्वतंत्रता संग्राम सेनानी" थे। यह तर्क तब धूल-धूसरित हो गया जब लश्कर-ए-तैय्यबा ने भारतीय संसद पर दिसंबर 2001 में हमला कर दिया। इसके बाद तो अंतरराष्ट्रीय समुदाय कश्मीर के आंतकी समूहों को दिए जाने वाले समर्थन के ही खिलाफ हो गया। कई पाकिस्तानी समूह तो अब संयुक्त राष्ट्र, यूरोपियन यूनियन, अमेरिका और प्रभावशाली मुस्लिम देशों जैसे सऊदी अरब और संयुक्त अरब अमीरात की प्रतिबंधित सूची में हैं और कई तरह के प्रतिबंध झेल रहे हैं।

पाकिस्तान ने आंतकवाद को कम खर्च पर भारत को घुटने टेकने के हथियार के तौर पर इस्तेमाल किया। इसके पीछे सोच यह थी कि दुनिया के कई देशों ने जो सोवियत संघ के साथ अफगानिस्तान युद्ध में किया वही वह भारत के साथ कश्मीर में कर सकता है। सोवियत अफगानिस्तान से इसलिए चले गए कि उन्हें वहां रहने की जो कीमत चुकानी पड़ रही थी वह उनकी वहां मौजूदगी के मुनाफे से कहीं ज़्यादा थी। यह भारत के साथ संभव नही था। भारत कश्मीर से अपना बोरिया-बिस्तर बांधकर नहीं जा सकता था, भारत और भारतीयों के लिए कश्मीर उनके देश का अभिन्न हिस्सा है। पाकिस्तानी थिंक टैंक की यह सोच कि अफगानिस्तान को लेकर सोवियत संघ की सोच की तरह ही भारत जम्मू-कश्मीर को एक ऐसे हिस्से के तौर पर देखेगा जिसे कभी भी छोड़ा जा सकता था, यह पूरी

तरह गलत साबित हुई। भारत कश्मीर को खुद से अलग नहीं कर सकता जैसा कि सोवियत ने अफगान के साथ किया।

वहीं जिहाद के बढ़ते दायरे ने पाकिस्तानी समाज को ही छिन्न-भिन्न कर दिया। इससे पाकिस्तान में कठमुल्लाओं का सशक्तीकरण हुआ जो इस्लामीकरण के नाम पर देश के सत्ताकेंद्रों में अब बड़ा हिस्सा चाहते हैं। सशस्त्र उग्रवादी जो कभी भारत विरोधी समूहों के तौर पर काम करते थे अब पाकिस्तानी समाज के लिए ही खतरा बन चुके हैं। कश्मीर में जिहाद के चरम पर रहते समय लश्कर-ए-तैय्यबा जैसे समूहों ने पाकिस्तानी शहरों में टेलीफोन नंबरों का इश्तिहार दिया था कि युवा गर्मी की छुट्टियों में पार्टटाइम जिहाद का हिस्सा बन सकते थे। इस तरह के ही कुछ प्रशिक्षित युवकों का इस्तेमाल स्वत:स्फूर्त हमलों में किया गया था। इसकी बानगी थी कराची में सामाजिक कार्यकर्ता सबीन महमूद की हत्या जिन्होंने वैलेंटाइन डे मनाने की हिमाकत की थी। इसके अलावा बाद में नोबल पुरस्कार जीतने वाली मलाला युसुफज़ई पर जानलेवा हमला सिर्फ़ इसलिए हुआ था क्योंकि उन्होंने लड़कियों के स्कूल भेजने के तालिबान के फैसले के खिलाफ ब्लॉग लिखा था। इस तरह के हमले किसी तरह के रणनीतिक लाभ देने वाले नहीं साबित हुए।

दरअसल विचारों के आधार पर प्रेरित जिहादी आतंकवाद एक ऐसा नल नहीं है जो जब चाहे खोल दिया जाए और जब चाहे उसे सरकार

की इच्छा पर बंद कर दिया जाए। कई अनियमित लड़ाके जो आतंकवाद के लिए भर्ती किए गए थे, वे धार्मिक कारणों से जिहाद का हिस्सा बने थे। भारत से लड़ने के लिए धार्मिक तर्कों का सहारा लिया गया था। उलेमा की इस कोशिश ने इनमें से कुछ को पाकिस्तान राज्य के विरुद्ध भी कर दिया। मिसाल के लिए हदीस (पैगंबर मुहम्मद साहब के उपदेश) में बताया गया है कि कयामत से पहले हिंद में ही अंतिम जंग होगी, इस जैसे कथनों का पाकिस्तानी जिहादी समूह में लोगों को भर्ती करने के लिए इस्तेमाल किया गया था और अब इसे कट्टर आतंकियों के द्वारा पाकिस्तान और उसकी सेना को निशाना बनाने के लिए ही इस्तेमाल किया जा रहा है।

पूरे 90 के दशक के दौरान पाकिस्तानी आधिकारिक मीडिया ने जिहादियों को प्रेरित करने के लिए 'ग़ज़वा-ए-हिंद' हदीस की चर्चा को जमकर बढ़ावा दिया। हर प्रमुख पाकिस्तानी जिहादी समूह जिसने सीमापार आतंकी हमला किया उसने यह दावा किया कि यह ऑपरेशन पैगंबर मुहम्मद द्वारा बताई गई हिंद की जंग का ही हिस्सा था। आईएसआई समर्थित इन आतंकी गुटों ने आधुनिक भारत और भारत के कश्मीर पर कब्ज़े को जिहाद के निशाने के तौर पर देखा। वहीं कुछ आतंकी गुटों जैसे तहरीक-ए-तालिबान पाकिस्तान ने इसका मतलब समझाया कि हदीस में बताया गया है कि हिंद ऐतिहासिक भारत है और उसमें आधुनिक

पाकिस्तान भी शामिल है। ये गुट आतंकी हमलों को पाकिस्तान में पश्चिमी सभ्यता को खत्म करने के नाम पर जायज़ ठहराते रहे हैं।

पाकिस्तान के अंदर हुए हमलों ने पाकिस्तानी सेना को कुछ जिहादी समूहों से लड़ने पर मजबूर कर दिया। बहुत से पाकिस्तानियों ने अब एहसास कर लिया है कि उनके देश की आतंकवाद को समर्थन देने की रणनीति ने उन पर ही पीछे से हमला कर दिया है। इसकी वजह से पाकिस्तानियों की जान खतरे में है। इसकी वजह से ही पाकिस्तान में जंगलराज सी स्थिति बन गई है और पाकिस्तान अंतर्राष्ट्रीय स्तर पर खारिज होने की स्थिति में आ गया है। वहीं पाकिस्तानी जनरलों के दिमाग में मूलतः अस्थायी युद्ध का विचार अब भी घर बनाए हुए है। सेना के कमांड एवं स्टाफ कॉलेज के कमांडेंट मेजर जनरल अमीन खान बुर्की ने एक बार कहा था, 'भारत की अपनी सीमाएं हैं।' उन्होंने यह भी शिकायत की थी कि अंतर्राष्ट्रीय मीडिया ने गलत ढंग से भारत की छवि एक प्रभावशाली क्षेत्रीय शक्ति के तौर पर पेश कर रखी है। उन्होंने यह भी कहा 'कुल मिलाकर भारत की सीमाओं के मद्देनज़र भारत के टुकड़े कर उसे सही आकार में लाया जाएगा जिससे यह छद्म शक्ति एक सामान्य और नियंत्रित सैन्य शक्ति में तब्दील कर दी जाए।'[17]

'भारत के टुकड़े करना' सिर्फ़ भाषण का हिस्सा नहीं बल्कि अस्थायी युद्ध की वर्षों से एक सक्रिय नीति रही है। पाकिस्तानी अफसरों को

बताया गया है कि 'भारत हमेशा से अपकेंद्रीय (एक केंद्र से दूर जानेवाली) परंपराओं से चलता है ना कि अभिकेंद्रीय (एक केंद्र की तरफ जमा होने वाली) परंपराओं से'[18] और भारत 'ऐतिहासिक तौर से एकीकृत राष्ट्र के तौर पर रहने में असमर्थ है।'[19]

पाकिस्तान के पूर्वी हिस्से को हारकर खोने के अपमान का बदला लेने की तड़प के चलते भारत को उसी तरह के दर्द सहने पर मजबूर करने की इच्छा उन समझदार पाकिस्तानियों की सलाह पर भारी पड़ी जिन्होंने जिहाद के नकारात्मक और अपने ही देश को नुक़सान पहुंचाने वाले परिणामों से आगाह किया था। पाकिस्तान का अफ़गानिस्तान और कश्मीर में रणनीतिक एजेंडा अभी पूरा नहीं हुआ है और इसे पूरा करने के लिए पाकिस्तान के पास ज़रूरी सैन्य और आर्थिक ताकत नहीं है, ऐसे में जिहादियों की मदद से अस्थायी युद्ध पाकिस्तानी जनरलों को सस्ता और मुफीद विकल्प लगता है।

भारत ने अपनी दोहरी नीति के तहत पाकिस्तान को एक तरफ बातचीत का न्योता दिया है, वहीं दूसरी तरफ उसे अंतर्राष्ट्रीय तौर पर आतंकवाद की नर्सरी के तौर पर बदनाम करने की कोशिश की है। बातचीत की लंबाई और गहराई इतनी नहीं है कि पाकिस्तान को भरोसा दिलाया जा सके कि भारत उसका नुक़सान नहीं करेगा। पाकिस्तान को दुनिया से अलग-थलग कर अकेला करने की भारतीय कोशिशों ने पाकिस्तान में

भारतीय साज़िशों के प्रति दहशत भर दी है। नतीजा यह कि अस्थायी युद्ध में लगातार तेज़ी आती रही है। तय यह करना हैं कि इस नीति को किस स्तर तक ले जाया जाए कि उसकी अंतरराष्ट्रीय कीमत को पाकिस्तान चुका सके। संभव होने के बावजूद भारत अब तक पाकिस्तानी अवाम को यह नहीं समझा सका है कि वह पाकिस्तान के टुकड़े नहीं करना चाहता बस उससे अच्छे पड़ोसी के रिश्ते चाहता है। ऐसे प्रयासों के लिए निरंतर प्रयास करने और आगे आने की ज़रूरत है पर भारत की आंतरिक राजनीति इसे बहुत विषम बना देती है।

मुझे लगता कि पाकिस्तान समर्थित जिहादी आतंकवाद नीति के औंधे मुंह गिरने के अंदेशे और इसके खतरों का एहसास आंतरिक हमलों से बहुत पहले ही मेरे देश के बहुत से नागरिकों को हो चुका था। अक्टूबर 2011 में अमेरिकी विदेश मंत्री हिलेरी क्लिंटन ने सार्वजनिक तौर पर पाकिस्तानियों को चेताया था: 'आप अपने आंगन में सांप पालकर यह उम्मीद नहीं कर सकते कि सांप सिर्फ़ आपके पड़ोसियों को ही कांटेंगे।' इससे करीब दो दशक पहले अमेरिका के ही एक और विदेश मंत्री जेम्स ए बेकर III, ने पाकिस्तान को आंतकवाद समर्थक राज्य का तमगा मिल जाने के खतरों के प्रति आगाह किया था। तत्कालीन प्रधानमंत्री के विशेष सचिव के तौर पर मैं राष्ट्रपति जार्ज डब्ल्यू. बुश प्रशासन से वार्ता में शामिल था। इस वार्ता ने ही मुझे सांप पालने की प्रवृत्ति और इसके होने

वाले घातक अंज़ाम से रू-ब-रू करवाया था।

बेकर ने मई 1992 में शरीफ़ को एक संक्षिप्त पत्र लिखा जिसे अमेरिकी राजदूत निकोलस प्लाट ने हम तक पहुंचाया था। मुझे भी इसकी एक प्रति दी थी। इस पत्र में उन्होंने मांग की थी, 'ऐसे कदम उठाए जाएं जिससे यह सुनिश्चित किया जाए कि पाकिस्तानी अधिकारी उन कश्मीरी और सिख व्यक्तियों या गुटों का समर्थन न करें जिन्होंने किसी आंतकी घटना को अंजाम दिया हो।' बेकर ने पाकिस्तानी आश्वासनों की याद दिलाई थी कि 'इस साल के अंत तक पाकिस्तान भारत के खिलाफ होने वाली आतंकी गतिविधियों से खुद को दूर कर लेगा और अफगानी मुजाहिदीन के साथ दिए जाने वाली बाहरी व्यक्तियों का प्रशिक्षण पाकिस्तान में रोक दिया जाएगा, और इसमें कश्मीरी शामिल हैं'।

बेकर के मुताबिक अमेरिका को सूचना थी कि 'आईएसआई और दूसरे पाकिस्तानी प्रतिष्ठान उन गुटों को माली समर्थन करते रहना चाहते थे जो आंतकवाद में लिप्त थे।' इस पत्र में चेतावनी थी कि उन्होंने इस तरह की सूचनाओं को बहुत गंभीरता से लिया है क्योंकि 'अमेरिकी कानून के मुताबि़क उन देशों पर प्रतिबंध लगाए जाते हैं जो अंतर्राष्ट्रीय आतंक़वाद का समर्थन करते हैं।' अमेरिकी विदेश मंत्री ने पाकिस्तानी प्रधानमंत्री से अपील की थी कि 'पाकिस्तान की सरकार इस बात की पूरी ज़िम्मेदारी ले और यह सुनिश्चित करे कि पाकिस्तान या आज़ाद

कश्मीर में उन कश्मीरी या सिख गुटों को किसी तरह का प्रशिक्षण, हथियार या दूसरे समर्थन ना हासिल हों जो आतंकवाद में लिप्त हों।' उन्होंने शरीफ़ को यह सलाह भी दी थी कि 'इन ट्रेनिंग कैंपों को कहीं और जैसे अफगान सीमा के पास स्थानांतरित करने के प्रयासों को भी रोका जाए।'[20]

अमेरिकी ना सिर्फ़ जिहादी आतंकवाद में पाकिस्तानी संलिप्तता से पूरी तरह परिचित थे बल्कि उन्हें उनकी भविष्य की योजनाओं के बारे में भी पूरा इल्म था। उस समय पाकिस्तानी जेहादियों की आधारभूत संरचना खुलकर सामने भी नहीं आई थी। लश्कर-ए-तैय्यबा का लाहौर के निकट मुरीदके के पास 200 एकड़ का परिसर और जैश-ए-मोहम्मद का बहावलपुर के निकट महत्वाकांक्षी मदरसा तब बना भी नहीं था। बावजूद इसके पाकिस्तान पर लगातार अंतर्राष्ट्रीय समुदाय में अलग-थलग पड़ने और आतंकवाद समर्थक देश के तौर पर बदनाम और प्रतिबंधित होने का खतरा मंडरा रहा था।

बेकर के इस पत्र का जवाब लिखने में शरीफ़ को कई दिन लगे क्योंकि इस पत्र की विषय वस्तु को तौलने समझने के लिए कई पक्ष जैसे विदेश मंत्रालय, आईएसआई और पाकिस्तानी सेना ने खूब तोलमोल किया। अंततः 20 जून 1992 की तारीख का एक पत्र इसके चार दिन बाद वाशिंगटन डीसी भेजा गया। पत्र विदेश राज्यमंत्री सिद्दीक खान

कांजू की तरफ से लिखा गया था। ढाई दशक बाद इस पत्र (जिसकी विषय वस्तु अब तक सार्वजनिक नहीं हुई है) में पाकिस्तानी इन्कार और उसके भारत विरोधी आतंकवाद को लगातार समर्थन देने के तर्क कुछ इस तरह पेश किए गए:

'पाकिस्तान और अमेरिका के बीच संबंधों का एक लंबा इतिहास रहा है जिसका आधार दोस्ती और भरोसा है।' शरीफ़ ने अमेरिका को दी गई पाकिस्तानी सेवाओं को याद दिलाते हुए लिखा, 'हम तब भी साझेदार थे जब साम्यवादी ताकतों ने हमारे आधारभूत मूल्यों को चुनौती थी, ऐसे मूल्य जो हम साझा करते हैं और वह हमारे अस्तित्व का आधार हैं। आपके चीन से रिश्तों में बर्फ पिघलाने के लिए पाकिस्तान ने मददगार भूमिका निभाई जिससे विश्व का रणनीतिक संतुलन ही बदल गया। अफगानिस्तान और खाड़ी में हम कंधे से कंधा मिलाकर संयुक्त राष्ट्र चार्टर के मौलिक सिद्धांतों की रक्षा के लिए खड़े रहे हैं। हमारी विदेश नीति के अनुसार हम अंतर्राष्ट्रीय और क्षेत्रीय शांति संयमपूर्ण ढंग से स्थापित करना चाहते हैं। वहीं आंतरिक रूप से हम मानवाधिकार और लोकतंत्र की मूलभूत आज़ादी के प्रति संकल्पबद्ध हैं। मेरे लिए यह साझेदारी और गठबंधन काफी मूल्यवान है।'

उसके बाद उन्होंने पाकिस्तानी शिकायतों की फेहरिस्त गिना दी: 'बावजूद इसके मैं इस बात से अप्रसन्न होने से खुद को नहीं रोक पा रहा

हूं कि इतने साझा मूल्यों, लंबी साझेदारी और समझ में एकरूपता के बावजूद अमेरिका की तरफ से दिखाए जाने वाले सद्भाव का संतुलन हमारे खिलाफ ही जा रहा है। इतनी लंबी और खुशनुमा साझेदारी के बाद हम अमेरिका से निष्पक्ष एवं संतुलित दृष्टिकोण की उम्मीद तो रख ही सकते हैं। उदाहरण स्वरूप जब पाकिस्तान पर कश्मीर और पंजाब में आतंकवाद का समर्थन करने का आरोप लगता है तो कश्मीर में भारत सरकार द्वारा किए जाने वाले सरकारी आतंकवाद पर चुप्पी क्यों साध ली जाती है। यह समझना बहुत कठिन है।'

शरीफ़ ने पत्र के अंत में कश्मीर में भारतीय ज़ुल्म और ज़्यादती पर पाकिस्तानी दृष्टिकोण को एक बार फिर पुख्ता करते हुए लिखा 'भारतीय शोषण अब मानवाधिकारों के उल्लंघन की हर सीमा से आगे निकल चुका है और अब इसमें आगज़नी, यातना, बलात्कार और हत्याएं भी शामिल हैं जिनका आंकड़ा 6000 तक पहुंच गया है। इसके साथ ही सरकार समर्थित एजेंटों ने पाकिस्तान के सिंध और पंजाब प्रांत में दहशत का माहौल बनाने के लिए विनाश और साज़िशों का जाल बुन दिया है। कई भारतीय ख़ुफ़िया एजेंट रंगे हाथ पकड़े गए हैं और उन्होंने अपना गुनाह भी कुबूला है। हमारे पास उनकी आतंकी गतिविधियों और सरकार प्रायोजित मीडिया कैंपेन के स्पष्ट साक्ष्य हैं।'

इस पत्र में आगे आश्वासन और प्रतिबद्धताओं को दर्शाते हुए लिखा

गया है कि 'मैं आपको आश्वस्त करता हूं कि मेरी सरकार आतंकवाद के हर रूप का दृढ़ता से विरोध करती है। कई मौकों पर हमने यह प्रतिबद्धता दर्शाई भी है। इसी साल फरवरी में हमने अपने ही लोगों को तब मौत के घाट उतार दिया जब वे कश्मीर में नियंत्रण रेखा को पार कर रहे थे। हम कश्मीरियों की आज़ादी का समर्थन करते हैं लेकिन हमारा समर्थन आज और हमेशा सिर्फ़ नैतिक, राजनैतिक और राजनयिक होगा। हमारा मानना है कि कश्मीरियों की मांग और उनका आज़ादी पाने का आंदोलन इतना सशक्त है कि आतंकवाद की तरफ जाना उनके लिए आत्मघाती साबित होगा।

राजदूत बर्ले के समक्ष की गई पाकिस्तान प्रतिबद्धता को हर हाल में निभाया जाएगा।' शरीफ़ ने यह लिखकर उन मौखिक आश्वासनों पर अपनी प्रतिबद्धता जताई जो उन्होंने पाकिस्तान में अमेरिकी राजदूत को दिए थे। शरीफ़ ने आगे लिखा: 'पाकिस्तान सरकार की सभी एजेंसियों को सख्त निर्देश है कि वह आतंकी गतिविधियों के लिए किसी तरह का कोई प्रशिक्षण मुहैया न कराएं। साथ ही भारतीय कश्मीर में किसी तरह की घुसपैठ का समर्थन ना करें। भारत ने अंतर्राष्ट्रीय मीडिया और मानवाधिकार एजेंसियों के प्रवेश पर रोक लगा दी है जिससे वे इस क्षेत्र में हो रहे मानवाधिकार उल्लंघन को ना देख सकें। इसके ठीक उलट पाकिस्तान ऐसे किसी भी समूह या पर्यवेक्षक का स्वागत करेगा जो यह

तस्दीक कर सके और दुनिया को बता सके कि प्रशिक्षण या घुसपैठ के लिए इन क्षेत्रों में कोई पाकिस्तानी कैंप नहीं चल रहे हैं।' अमेरिकी संदेह को अस्वीकार करते हुए इस पत्र में एक बार फिर वादा किया गया कि 'भारतीय प्रांत पंजाब के संबंध में स्पष्ट करना है कि इसकी समस्या कश्मीर से अलग और भारत की आंतरिक समस्या है। भारत सरकार को इसे जिस तरह और जैसे सुलझाना है सुलझाए। हमें सिख उग्रवादियों को किसी तरह का समर्थन या सहयोग देने में कोई रुचि नहीं है। पाकिस्तान दूसरे देशों के आंतरिक मामलों में किसी भी तरह के दखल ना देने की नीति पर प्रतिबद्ध है और भारत से भी हमारे आंतरिक मामलों में ऐसा ही सिद्धांत अपनाने की अपेक्षा रखता है।'

सेक्रेटरी ऑफ़ स्टेट बेकर को लिखा गया शरीफ़ का पत्र दृढ़ प्रतिज्ञा पर ख़त्म हुआ, 'मुझे उम्मीद है कि जो भरोसा हम आपको दिला रहे हैं उससे आपको हमारी नीति और क्रियाकलापों पर उठने वाला हर संदेह खत्म हो जाएगा। मुझे खुशी होगी अगर आप मेरे इन संकल्पों के विरुद्ध कोई साक्ष्य पेश करें। इससे मुझे किसी अनधिकृत क्रियाकलाप को खत्म करने और संकल्पों के खिलाफ की जाने वाली गतिविधि का जड़ से नाश करने में मदद मिलेगी। अंत में मैं लिखना चाहूंगा कि पाकिस्तान ने हमेशा मानवाधिकार के संरक्षण में अमेरिकी मदद को सराहा है। हम हमेशा आपके देश के नागरिकों को दिए जाने वाले नागरिक अधिकारों से

प्रभावित रहे हैं। इन अधिकारों का कश्मीर में खुला उल्लंघन हो रहा है और उनके संरक्षण की ज़िम्मेदारी उन सभी की है जो खुद को इसका रक्षक मानते हैं। हमें उम्मीद है कि अमेरिका अपने नैतिक और राजनैतिक प्रभावों का इस्तेमाल कश्मीर की मूल समस्या को हल करने में करेगा जो भारत और पाकिस्तान के बीच तनाव और संघर्ष का मूल कारण रही हैं। साथ ही जिनकी वजह से यह क्षेत्र हिंसा और मानवाधिकार उल्लंघन की जन्मस्थली सरीखा हो गया है।'[21]

इस पत्र के लिखने के कुछ महीनों के अंदर ही सैनिक हस्तक्षेप के साथ हुकूमत में हुए बदलाव में शरीफ़ को अपदस्थ कर दिया गया था। उनके बाद प्रधानमंत्री के तौर पर बेनज़ीर भुट्टो ने शपथ ली थी जिन्हें शुरुआत में अमेरिकी वादा निभाने में शरीफ़ से ज़्यादा विश्वसनीय मानते थे। अमरीकियों ने प्रतिबंधों की धमकी तो बंद कर दी लेकिन वे आतंकवाद को लेकर लगातार शिकायत करते रहे। कश्मीर में जिहाद समय के साथ और तेज़ हो रहा था। तब भी जब एक और सैन्य तख्ता पलट के बाद शरीफ़ ने फिर से प्रधानमंत्री की कुर्सी संभाली। अंतत: जनरल परवेज़ मुशर्रफ़ ने शरीफ़ का अक्टूबर 1999 में तख्ता पलट कर पाकिस्तान को अगले नौ साल के लिए सीधा सैन्य शासन के अधीन ला दिया।

पाकिस्तान को आतंकवाद समर्थक देश घोषित करने की धमकी के समय शरीफ़ को दी गई आईएसआई की सलाह आईएसआई की भारत

के पाकिस्तान के प्रति इरादों को दर्शाती है। ऐसे इरादे उस समय अस्थायी युद्ध की नीति से मेल खाते हैं। आईएसआई के विवरण पत्र के मुताबिक 'भारतीय ख़ुफ़िया नेटवर्क का रिसर्च एनालिसिस विंग यानी रॉ भारतीय विदेश नीति का तीसरा आयाम है। जिसके तहत भारत सीमापार गुप्त अभियानों को अंजाम देता है। रॉ के उद्देश्य हैं: जातीय और सांप्रदायिक आधार पर पाकिस्तान को विभाजित करना, द्विराष्ट्र सिद्धांत को खारिज करना, उसका उपहास करना, पाकिस्तान को इस हद तक कमज़ोर करना कि भारत पाकिस्तान पर शासन की स्थिति में आ जाए, पाकिस्तानी सेना को इस हद तक आंतरिक सुरक्षा में फंसा कर रखना कि वह सीमा पार पर अपना ध्यान केंद्रित न रख सके और अंततः नष्ट हो जाए, सिंध को अस्थिर करना जिससे खालिस्तान और कश्मीर आंदोलनों का जवाब दिया जा सके।'

आईएसआई ने रॉ के काम करने के तरीकों की सूची पेश की जैसे: 'विध्वंसक विषयों के माध्यम से लक्षित दर्शकों के मन पर हमला, इसके लिए इलेक्ट्रॉनिक मीडिया तकनीक, प्रिंट और छपी वस्तुओं जैसे अखबार, मैगज़ीन और पैंफ्लेट का इस्तेमाल, जातीय, सांस्कृतिक और राजनैतिक मुद्दों का लाभ उठाना, भारतीय वाणिज्य दूतावास में अंडरकवर नियुक्तियों के माध्यम से गुप्त ऑपरेशनों को नियंत्रित करना; असंतुष्ट तत्वों, एजेंटों और भाड़े के टट्टुओं के लिए वित्तीय सहायता, प्रमुख संचारकों और

प्रभावकारी एजेंटों का इस्तेमाल कर भर्ती करना, एजेंटों और असंतुष्ट तत्वों को ट्रेनिंग और हथियार मुहैया कराना और उन्हें पाकिस्तान पर हमला करने के लिए घुसपैठ कराना शामिल है।'[22]

आईएसआई की नज़र में, जिहादी आतंकवाद, रॉ के उन अभियानों का जवाब है जो पाकिस्तान के भारत के टुकड़े-टुकड़े करने की नीति के विरोध में चलाए जाते हैं। इस बात का एक भी प्रमाण नहीं है कि आईएसआई ने अपने दशकों पहले दिए गए विवरण पत्र से इतर कोई समझ विकसित की हो। उसे यह समझ नहीं आता कि भारत-पाकिस्तान के रिश्ते बदल भी सकते हैं। पाकिस्तान के इस्लामिक कट्टरवादी और बहुत बड़ी तादाद में नागरिक भी पाकिस्तानी राष्ट्रवाद के इस सिद्धांत को बहुत पसंद करते हैं जो भारत से खतरे का काल्पनिक हौव्वा खड़ा कर जगाया जाता है। इस सोच से कि पाकिस्तान को भारत को कमज़ोर करना होगा इससे पहले कि भारत पाकिस्तान को कमज़ोर कर दे, असंभव है कि इस उपमहाद्वीप में आतंकवाद का मुद्दा खत्म हो।

जब भी मैं पाकिस्तान के आंतकवाद पर किसी आधिकारिक संकल्प को पढ़ता हूं तो मुझे 1992 में शरीफ़ का अमेरिकी सरकार को लिखा वह पत्र याद आता है। यह पत्र दरअसल पाकिस्तान के नागरिक, सैन्य अधिकारियों, जनरल और राजनेताओं द्वारा मिलकर लिखा गया पत्र था। मैंने इस पत्र को लिखने में कोई योगदान नहीं दिया था। एक ऐसा पत्र

जिसमें अशुद्धियां, झूठे वादों और शिकायतों की फेहरिस्त है, आज भी पाकिस्तानी नीति का केंद्र बिंदु बना हुआ है। दशकों पहले बेकर को लिखे इस पत्र से अलग पाकिस्तानी अधिकारियों ने आजतक कुछ नहीं कहा या किया।

यद्यपि पाकिस्तान पर प्रतिबंध नहीं लगे पर उसकी अंतरराष्ट्रीय समुदाय में उसकी साख बहुत गिर चुकी है, पाकिस्तानी यात्रियों को आतंकवाद के डर से अब विदेशों में ज़्यादा सुरक्षा चक्रों से गुज़रना पड़ता है। साथ ही देश को अपनी ही धरती पर आतंकी हमलों की ताप में जलना पड़ता है जिसकी उसे आर्थिक और सामाजिक कीमत चुकानी पड़ती है। लेकिन भारतीय तोड़-फोड़ के संभावित खतरे से बचने के लिए भारत में तोड़-फोड़ कराने की आक्रामक नीति अब पाकिस्तान पर पलटकर वार करने वाले बूमरैंग के खतरे की तरह है जो उसका नुकसान कर सकती है।

अमेरिका पर हुए वर्ष 2011 में 9/11 के आतंकी हमले के बाद मुशर्रफ़ को कुछ आतंकी गुटों पर प्रतिबंध लगाना पड़ा था और यह भी ऐलान करना पड़ा था कि वह कश्मीर के नाम पर भी आतंकवाद को किसी तरह समर्थन नहीं देंगे। इस ऐलान और वादे के पंद्रह साल बीतते-बीतते इसकी खोखली सच्चाई भी सामने आने लगी है। गुटों पर प्रतिबंध लगता है और वो नए नाम से गुट बनाकर आतंकी गतिविधि जारी रखते है। वहीं प्रमुख आंतकी सरगनाओं और मास्टरमाइंड को हमेशा कोर्ट से राहत मिल

जाती है। उन्हें छोड़ दिया जाता है। जिहाद को आधिकारिक तौर पर कुछ समय के लिए ठंडे बस्ते में डाल दिया जाता है पर इसे कभी समाप्त करने की बात नहीं की जाती।

मुंबई हमलों के बाद अमेरिकी विदेश सचिव कोंडोलीज़ा राइस ने पाकिस्तानी राष्ट्रीय सुरक्षा सलाहक़ार मेजर जनरल महमूद दुर्रानी को मेरी उपस्थिति में कहा था कि उनके पास पाकिस्तान के बारे में सारी जानकारी है और उसे आंतकी गतिविधियों को हमेशा के लिए बंद करना होगा। आखिरकार, आईएसआई को यह तो पता ही होगा कि उसने आतंकवाद के लिए किनको प्रशिक्षित कर हथियार मुहैया कराए हैं। उन्होंने कहा, 'मुझे इस बात का एहसास है कि अगर आप जिहादी गुटों को खत्म करने में लगे तो आपको कुछ समय तक अस्थिरता का सामना करना पड़ेगा पर अगर आपने इन्हें खत्म नहीं किया तो आप खत्म हो जाएंगे।' राइस को इस बात की ज़रूरत लगी कि उनका कार्यकाल खत्म होने से पहले उन्हें यह तल्ख सच्चाई कड़े शब्दों में व्यक्त कर देनी चाहिए। वह पाकिस्तानी अधिकारियों के साथ पिछले 8 साल से राजनयिक कूटनीतिक संबंध निभा रही थीं पर तब वह इससे बाहर निकलना चाहती थीं। राइस ने कहा, 'उस भारतीय खतरे पर अपनी ऊर्जा केंद्रित करना, जो है ही नहीं, एक भारी भूल है, पाकिस्तान को एक रणनीतिक फैसला लेना होगा कि उसका आतंकियों से हर तरह से जुड़ाव खत्म हो।' उनके मुताबिक

पाकिस्तान के पास, 'जिहादी कोई विकल्प हो ही नहीं सकते क्योंकि जिहादी गुटों से संबंध रखना किसी तरह भी स्वीकार्य नहीं है।' उन्होंने कहा कि अगर पाकिस्तान को जिहादियों से लड़ने में किसी तरह की शक्ति या समर्थन की आवश्यकता है तो अमेरिका और ब्रिटेन पाकिस्तान की मदद करने को तैयार हैं।

आईएसआई चीफ लेफ्टिनेंट जनरल अहमद सुजा पाशा उस समय अमेरिका गए थे। उन्हें वहां सीआईए के निदेशक माइकल हेडेन से मुलाकात करनी थी। अपनी नवीनतम किताब *प्लेइंग टु द एज* में हेडल ने लिखा है कि आईएसआई के आतंकी गुटों से घनिष्ट संबंध को सौम्य भाषा में वर्णित करने वाला शब्द है 'कपटपूर्ण।' मुंबई हमलों के बाद हेडेन से मुलाकात के दौरान पाशा ने यह स्वीकार किया था कि मुंबई हमलों के साजिशकर्ताओं में कुछ ''रिटायर्ड पाकिस्तानी सेना अधिकारी'' भी शामिल थे। पाशा के मुताबिक हमलावरों के आईएसआई से संबंध तो थे पर वह आधिकारिक आईएसआई ऑपरेशन नहीं था।

अमेरिका में पाकिस्तानी राजदूत के तौर पर मेरे आधिकारिक आवास पर पाशा ने मुझसे उर्दू में कहा, 'लोग हमारे थे, ऑपरेशन हमारा नहीं था।' मैंने उनसे पूछा, 'अगर हमारे लोग भी हमारे काबू में नहीं हैं तो आगे क्या होगा?' इस सवाल को अब भी अपने सुविचारित जवाब का इंतज़ार है।

5
घट रही है दोस्ती की गुंजाइश

बंटवारे के उनहत्तर साल बीतने के बाद यह यकीन करना मुश्किल है कि गांधी बंटवारे के बाद पाकिस्तान को अलग हुए भाई की तरह मानना चाहते थे, वहीं जिन्ना पाकिस्तान के गवर्नर जनरल पद से रिटायर होने के बाद भारत में अपनी बाकी ज़िंदगी गुज़ारना चाहते थे। उपमहाद्वीप की ज़्यादातर जनसंख्या जैसे 94 फीसदी भारतीय और 95.5 फीसदी पाकिस्तानी ऐसे हैं जिनका जन्म 1947 की आज़ादी के बाद हुआ।

बावजूद इसके गुस्से और बंटवारे को लेकर दिए गए दोनों तरफ के भाषणों ने बंटवारे की यादों को ज़ख्म बना दिया है। जबकि गांधी या जिन्ना के बयान किसी को याद नहीं।

पटेल और नेहरू से लेकर आज तक भारतीयों ने पाकिस्तान को अलग होने के लिए सज़ा देने का रास्ता चुना है ना कि उसे लुभाने का। ऐसा करके उन्होंने जिन्ना के बाद आने वालों की उन कोशिशों को ताक़त दी है जिसके तहत वो पाकिस्तान को सैन्यीकृत और कट्टर इस्लामी राष्ट्र बनाना चाहते हैं। इस नए देश में बड़ी सेना का बोझ अर्थव्यवस्था से कहीं ज़्यादा है। यही वजह है कि पाकिस्तान अपना वजूद भारत विरोध में देखता है। पाकिस्तानियों ने सदियों पुराने ऐतिहासिक हिंदू-मुस्लिम वैमनस्य की दास्तान को कुछ इस तरह ईज़ाद किया है जिससे दोनों समुदाय एक दूसरे को कभी ना मिल सकने वाले दुश्मनों की तरह नज़र आते हैं। कश्मीर विवाद, आतंकवाद और परमाणु शस्त्रों ने उपमहाद्वीप

की इस वैमनस्यता को और गहरा कर दिया है।

पाकिस्तान के नज़रिए से भारत को सिर्फ़ एक पड़ोसी मुल्क की तरह स्वीकार करना इसलिए भी मुश्किल है क्योंकि भारत की नज़र में हमेशा से पाकिस्तान उनसे अलग हुआ एक देश है। भारतीय हमेशा सोचते हैं कि दोनों देशों के बीच की समानता को उकेरना दोनों देशों के लिए लाभदायक है वहीं उनकी यह सोच ही पाकिस्तान को और ज़्यादा डराती है। भारत का एक धर्मनिरपेक्ष देश के रूप में विकास और पाकिस्तान के बराबर जनसंख्या में मुसलमानों का होना भी संदेह को हवा देता है जिसकी वजह से दोनों देशों के बीच की खाई और गहरी हो जाती है और अलग नज़र आने पर ज़ोर दिया जाने लगता है।

पाकिस्तान के संशय को दर्शाने के लिए एक तथाकथित उदार पाकिस्तानी अधिकारी का 1980 में अमेरिकी रिपोर्टर को दिया गया यह बयान काफी है जिसमें उसने कहा था, 'अगर हम मुसलमान नहीं हैं, तो क्या हैं, सिर्फ़ एक दोयम दर्जे के भारतीय?'[1] भारतीय ना होने की चाहत का इतिहास बहुत पुराना है। यह चाहत पाकिस्तान के इतिहास और संस्कृति पर आयोजित पहली कांग्रेस के कार्यकलापों पर भी 1973 में भारी दिखी थी। इस्लामाबाद विश्वविद्यालय में बांग्लादेश की हार के बाद हुई इस कॉन्फ्रेंस की रिपोर्ट द *क्वेस्ट फार आइडेंटिटी* के नाम से प्रकाशित की गई। पाकिस्तान के प्रमुख शिक्षाविद वहीद-उज़-ज़मां ने

अपनी संपादकीय टिप्पणी में लिखा था, 'अल्लाह ना करे अगर अरब, तुर्क, ईरानी इस्लाम छोड़ दें तो अरब अरबी रहेगा, तुर्क तुर्की, ईरान का बाशिंदा ईरानी लेकिन अगर हमने इस्लाम छोड़ दिया तो हम क्या होंगे?'[2]

पाकिस्तानी विचारधारा के दो मज़बूत स्तंभ इस्लाम और भारत विरोधी भावनाएं हैं जो वर्तमान पाकिस्तानी राज्य और रणनीतिकारों को खुद को दिल्ली सल्तनत या फिर मुग़ल साम्राज्य के वंशज के तौर पर दावा पेश करने को प्रेरित करती हैं। 1965 में संयुक्त राष्ट्र सुरक्षा परिषद में विदेश मंत्री के तौर पर जुल्फिकार अली भुट्टो ने भारतीय नेताओं पर पाकिस्तान को 'दुश्मन नंबर एक' बताकर इसे भारत की सांप्रदायिक नीति का केंद्र बिंदु बताया था। उस समय सभी देशों के प्रतिनिधि भौंचक्के रह गए थे जब उन्होंने कहा था, 'सात सौ साल से हमने दो प्रमुख समुदायों के बीच संतुलन बनाने की कोशिश की है,' गौरतलब है कि तब पाकिस्तान को वजूद में आए सिर्फ़ 18 साल हुए थे।[3]

इतिहास की इस ग़लत पेशकश को सही करने और पाकिस्तानी दहशत को कम करने के बजाए कुछ भारतीयों ने इस आग में घी डाल दिया। इस प्रक्रिया में भारत में पाकिस्तान द्वारा भारतीय संप्रभुता के टुकड़े-टुकड़े करने का संदेह जन्म लेने लगा। नेहरू के रक्षा मंत्री कृष्णा मेनन ने एक बार ब्रिटिश पत्रकार को बताया था, 'पाकिस्तान के दृष्टिकोण से बंटवारा तो सिर्फ़ आगाज़ था, उसका मकसद तो पूरे भारत पर कब्ज़ा कर लेना

था।' कृष्णा मेनन ने दावा किया कि वह पाकिस्तानी दिमाग को अच्छी तरह पढ़ सकते हैं और कहा, 'ब्रिटिश ने मुग़लों से भारत की कमान ली थी और पाकिस्तानी यह मानते हैं कि अब जब ब्रिटिशों जा चुके हैं तो फिर से मुग़लों का राज वापस आना चाहिए।'[4] भारत एक एकीकृत राज्य नहीं बन सकता, इस तरह के पाकिस्तानी सैन्य अधिकारियों के बयानों ने इस दहशत और संदेह को और बढ़ा दिया।

पाकिस्तान को लेकर भारत के इस कटु दृष्टिकोण को भारत के पूर्व राष्ट्रीय सुरक्षा सलाहकार और विदेश सचिव जे.एन. दीक्षित के इस बयान से समझा जा सकता है: 'ब्रिटेन ने भारत का बंटवारा इसलिए किया क्योंकि वह चाहता था कि हिंदू क्षेत्रों को राजनैतिक वजूदों में बांटकर बिखरा दिया जाए जिससे पाकिस्तान इस महाद्वीप की सबसे बड़ी और सबसे महत्वपूर्ण राजनीतिक ताकत के रूप में उभर सके। पाकिस्तान का सबसे महत्वपूर्ण लक्ष्य भारत के टुकड़े-टुकड़े करना है। कश्मीर में 1948 में हुआ पाकिस्तानी आक्रमण और तब से लगातार कई युद्ध इस प्रक्रिया के उदाहरण हैं। कारगिल युद्ध और जम्मू-कश्मीर में चल रहा पाकिस्तान समर्थित छद्म युद्ध इसी दबाव और प्रक्रिया की सबसे नई बानगी है। पाकिस्तान के इस विनाशकारी दृष्टिकोण को लेकर भारत कभी भी निर्णायक और कठोर कदम नहीं उठा सका है। भारत ने हमेशा से हर बड़े युद्ध में जीत के बावजूद स्वेच्छा से पाकिस्तान को रियायतों पर

रियायतें दीं। पाकिस्तान का दूरगामी रणनीतिक लक्ष्य दक्षिण एशियाई क्षेत्र में भारत को सबसे प्रभावशाली शक्ति के रूप में ना उभरने देना है। पाकिस्तानी सत्ता केंद्रों में भारत की हिंदू बहुसंख्यक सिविल सोसायटी के खिलाफ़ ज़बरदस्त वैमनस्य भाव है। पाकिस्तान ने बहुत से मुस्लिम देशों और पश्चिमी ताकतों (चीन और अमेरिका) का सहारा सिर्फ़ इसलिए लिया क्योंकि भारत को बैकफुट पर रख सके। भारतीय धर्मनिरपेक्षता, लोकतंत्र और संवैधानिक संस्थाओं पर जो सवाल लगातार पाकिस्तान उठाता है वह उसकी एक सोची समझी रणनीति है जिससे भारतीय समाज में अंदरूनी दरारें पड़ सकें। जम्मू-कश्मीर, पंजाब और पूर्वोत्तर की अलगाववादी हिंसा और विद्रोही ताकतों का पाकिस्तान को दिया गया समर्थन इस बात की तस्दीक करता है।'[5]

भारतीय दृष्टिकोण का मुस्लिम विरोधी रूप में चित्रण, पाकिस्तानियों का भारत के टुकड़े-टुकड़े करने की चाहत रखने वालों के रूप में पेश किया जाना और दोनों देशों के एक दूसरे का चिर-शत्रु होने की अवधारणा ने दोनों के बीच सामान्य कूटनीतिक वार्ता को असंभव बना दिया है। इस तरह के लकीर के फकीर पर चलने से तर्क की गुंजाइश नहीं बचती। आखिर इस तर्क को कौन मानेगा कि क्या किसी देश के सभी सौ करोड़ लोगों की सोच एक ही तरह की हो सकती है, या फिर कैसे इस्लाम के नाम पर पाकिस्तान के 20 करोड़ मुसलमान भारत के खिलाफ़ हो सकते

हैं, जहां पर खुद 18 करोड़ मुसलमान रहते हैं और दुनिया के दूसरे 100 करोड़ मुसलमान इस देश को दुश्मन नहीं मानते हैं? अमेरिकी राष्ट्रपति ड्वाइट आइज़नहावर ने एक बार टिप्पणी की थी, 'भारत और पाकिस्तान के बीच कोई ऐसी समस्या है ही नहीं जिसे सुलझाया ना जा सकता हो, अगर दोनों देश तार्किक शक्ति और सदिच्छा से काम करें।' वैसे जिन संबंधों में भावुकता, रूढ़िवादिता, दहशत और उन्माद हावी हो वहां पर तर्क और सदाशयता होना असंभव ही है।

इन भावनाओं, उन्माद और दहशत को पीढ़ियों से शिक्षा प्रणाली ने इस क़दर बढ़ावा दिया है कि यह एक आभासी सिद्धांत सा बनकर लोगों के दिमाग पर हावी हो गया है। पाकिस्तानी इतिहासकार के.के. अज़ीज़ के मुताबिक पाकिस्तान शिक्षा प्रणाली की किताबें ऐतिहासिक गलतियों से भरी पड़ी हैं और इनके अनिवार्य अध्ययन ने सिर्फ़ 'निर्धारित मिथकों'[6] को ही बढ़ावा दिया है। सामाजिक अध्ययन की 66 स्कूली किताबों और पाकिस्तानी कोर्स की किताबों, जो कि पाकिस्तानी स्कूली शिक्षा के अनिवार्य विषय हैं, का परीक्षण कर अज़ीज़ ने तर्क दिया कि ये किताबें पाकिस्तान में सैन्य शासन की समर्थक हैं, हिंदुओं के खिलाफ नफ़रत बढ़ाने वाली, युद्ध को महिमामंडित करने वाली और 1947 के पहले के क्षेत्रीय इतिहास, जिसमें पाकिस्तान शामिल हैं, उसकों तोड़ मरोड़ कर प्रस्तुतीकरण करती हैं।[7]

अज़ीज़ के मुताबिक पाकिस्तान में बच्चों की तालीम की शुरुआत में ही उनको यह सिखाया और विश्वास दिलाया जाता है कि 'पाकिस्तान इस्लाम का दुर्ग था'; 'इस्लाम के आने से हिंदू समाज में सुधार हुए'; 'मुस्लिम जब इस देश में आए तो वे अपने साथ एक स्वच्छ और संभ्रांत संस्कृति और सभ्यता लेकर आए हिंदुओं को हमेशा मुस्लिम संस्कृति और सभ्यता का ऋणी होना चाहिए'; और 'हिंदू स्वतंत्रता के बाद भारत की सत्ता संभालना चाहते थे। ब्रिटिश शासन ने उनका साथ दिया लेकिन मुसलमानों ने इस निर्णय को नहीं माना।'

वस्तुत: पाकिस्तान 1858 से लेकर 1929 के बीच हुई पेचीदा वार्ताओं और प्रक्रियाओं की उत्पत्ति है और ब्रिटिश इंडिया में 64 विभिन्न योजनाएं मुस्लिम हितों के संरक्षण के लिए प्रस्तावित की गईं, पर पाकिस्तानी छात्रों को एक बहुत ही सरल इतिहास बताया जाता है। पाकिस्तान की हर स्कूली किताब में इस बात पर ज़ोर दिया जाता है कि 'पाकिस्तान की मांग इस्लाम के लिहाज़ से न्यायपूर्ण थी क्योंकि इस्लाम और हिंदूवाद का सहअस्तित्व संभव नहीं है। इसलिए मुसलमानों को भारत से अलग होना पड़ा और यही वजह थी कि पाकिस्तान अस्तित्व में आया।'[8]

कुछ किताबें तो इस हद तक तर्क देती हैं कि पाकिस्तान उसी दिन वजूद में आ गया था जब पहले मुस्लिम विजेता ने भारत में कदम रखा था। ऐसी किताबें यह बताना उचित नहीं समझतीं कि किसी भी मुस्लिम

आक्रांता या विजेता से पहले मुस्लिम समुदाय के व्यापारी और जहाज़ी दक्षिण भारत के तटों पर बहुतायत में सक्रिय थे। पाकिस्तान का इतिहास आठवीं शताब्दी से सीधे जोड़ा जाता है जब आधुनिक पाकिस्तान के कुछ भागों को उमय्यद जनरल मोहम्मद बिन कासिम ने जीता था। परंपरागत उलेमा को पाकिस्तान के जन्म की विचारधारा का जनक बताया जाता है, वह भी तब जब स्वतंत्रता पूर्व के इतिहास में उनकी कोई सीधी भूमिका नहीं है। आज़ादी के बाद जिन्ना के सांप्रदायिकता विरोधी और धर्मनिरपेक्ष प्रयासों और उनके धर्मनिरपेक्ष देश के निर्माण की विचारधारा का किसी भी किताब में ज़िक्र तक नहीं है।

इस तरह के तोड़े-मरोड़े ऐतिहासिक प्रसंग सिर्फ़ पाकिस्तान के पक्ष में तर्क प्रस्तुत करने तक ही समाप्त नहीं हो जाते। बंटवारे के समय के दंगों को 'हिंदू और सिख द्वारा निहत्थे मुस्लिम परिवारों के जनसंहार' के तौर पर प्रस्तुत किया जाता है। 1965 के युद्ध को पाकिस्तानी विजय के तौर पर पेश किया जाता है जिसमें यह बताया जाता है कि 'भारत शांति के लिए अंतरराष्ट्रीय कोर्ट पहुंच गया' क्योंकि भारत 'पाकिस्तानी सेना और पाकिस्तान के अवाम से बुरी तरह डर गया था।' पूर्वी पाकिस्तान के अलग होने को पाकिस्तानी नज़रिए से कुछ इस तरह वर्णित किया जाता है कि यह 'पाकिस्तान के बाहरी और भीतरी दुश्मनों के हाथ मिलने का नतीजा था और यह भारत का आक्रमण था।' युवा पाकिस्तानियों को

पढ़ाया जाता है कि राष्ट्रभक्ति और भारत के प्रति नफरत, पूर्वाग्रह और उग्रता एक ही बात है। पाकिस्तान पर हमेशा खतरा मंडराता रहता है और सिर्फ़ सैन्यीकरण और आतंकवाद ही उसे बचा सकते हैं।

हालिया वर्षों में भारत और पाकिस्तान क्रोध, आक्रोश और धर्म के सार्वजनिक प्रदर्शन के तौर पर एक जैसे ही नज़र आ रहे हैं। बंटवारे के समय सभी पक्षों ने हिंसा की, पर कम से कम भारत के प्रमुख नेताओं ने खड़े होकर यह ज़रूर कहा कि उपमहाद्वीप के सभी लोग एक ही परिवार के सदस्य हैं। जब पाकिस्तान इस्लामी संविधान की बहस में उलझा था और जब कानून को शरई करने की होड़ थी तब भारतीय संविधान ने देश को धर्मनिरपेक्ष राष्ट्र के तौर पर स्थापित किया।

पाकिस्तान के बनने के बाद भी उपमहाद्वीप की एक तिहाई मुस्लिम आबादी भारत में ही रुक गई। पश्चिमी पाकिस्तान से हिंदुओं और सिक्खों को एक तरह से नेस्तानबूद करने के बाद अब पाकिस्तान में गैर मुस्लिम आबादी सिर्फ़ 3 फीसदी ही बची है।[९] लेकिन भारत में मुस्लिम आबादी अब बढ़ चुकी है, कुल आबादी का करीब 14 फीसदी। लाहौर के लक्ष्मी चौक का नाम बदलकर मुस्लिम नाम रख दिया गया वहीं दिल्ली ने अपने अकबर और शाहजहां रोड के नाम वैसे के वैसे ही रखे हैं। धर्मनिरपेक्ष पाकिस्तानी, जो इस्लाम के नाम पर अपने देश में हो रहे अत्याचार का विरोध करते हैं, अब भी भारत की कुछ गलतियों के

बावजूद उसे बहुलतावाद का एक वांछनीय मॉडल मानते हैं।

अब यह तादाद घटती जा रही है। भारत में धीरे-धीरे चीज़ें बदल रही हैं, बहुलतावादी पाकिस्तान के तर्क की घटती लोकप्रियता ने एक असर यह डाला कि भारत और पाकिस्तान के रिश्ते कभी सकारात्मक नहीं हो सकते।

जुनून, अतिवादियों की सनक, तोड़-मरोड़ कर पेश किए गए इतिहास और हिंसा के जवाब में हिंसा ने भारत पाकिस्तान के बीच दोस्ती की लगातार कम होती संभावनाओं को और कमज़ोर कर दिया है। इसके उलट, कट्टर इस्लामी कठमुल्ले इन दिनों भारत में हिंदू-मुस्लिम संबंधों पर ''हमने तो पहले ही कहा था'' के तर्ज़ पर चर्चा करते हुए इस बात पर फूले नहीं समा रहे हैं कि द्विराष्ट्र सिद्धांत की भविष्यवाणी सही साबित हो रही है। और उनकी भारत और हिंदुओं के प्रति नफरत रही है। 'धर्मनिरपेक्ष भारत' और 'अर्धइस्लामिक पाकिस्तान' के बीच का अंतर स्पष्ट है पर अब वह कम स्पष्ट दिख रहा है।

1947 तक एक रहे और उसके बाद से पड़ोसी बन चुके दो राष्ट्रों के बीच युद्ध के अनंत उन्माद के पीछे पाकिस्तान में सैन्य प्रभुत्व को उत्तरदायी माना जा सकता है। इसके साथ ही पाकिस्तान के संचालन में महत्वपूर्ण भूमिका निभाने वाली सैन्य गुप्तचर प्रणाली ने भी पाकिस्तान के उन लोगों का पीछा किया है जो भारत के साथ अमन के पैरोकार रहे हैं। अयूब

खान के सैन्य शासन (1958-69) के दौरान चलन में आई पाकिस्तानी स्कूली किताबों ने ऐतिहासिक परिप्रेक्ष्य का ऐसा बनावटी ब्योरा दिया, जिनमें पाकिस्तान को इस्लाम की विशिष्ट पहचान के बतौर प्रचारित किया गया। पाकिस्तान के सूचना प्रसारण मंत्रालय और सेना के मनोवैज्ञानिक युद्ध विशेषज्ञों ने कुछ ऐसी ही पहचान और संदेश रेडियो, टेलीविज़न, फिल्म, मैगज़ीन, किताबों और समाचार पत्रों के जरिए युवाओं को दिए जो उन्हें बचपन में स्कूली किताबों में पढ़ाए गए थे।

वहीं भारतीयों ने, कांग्रेस सरकारों के अधीन भारतीय राष्ट्रवाद की ऐसी सोच गढ़ी जिससे भारतीयों को यह विश्वास हो जाए कि अपने इतिहास के ज़्यादातर कालखंड में भारत एक राष्ट्र से ज़्यादा एक संस्कृति और सभ्यता रहा है। स्वतंत्रता पूर्व का कांग्रेस और मुस्लिम लीग का राजनैतिक द्वंद्व कुछ इस तरह पेश किया गया जो उस कालखंड की राजनीति को समझने के बजाय गुस्से को जन्म देता है।

हाल के दिनों में पाठ्यक्रम के भगवाकरण की कोशिशों ने इस तरह के पूर्वाग्रह को बढ़ावा दिया है। इस प्रकार के सुझाव भी आए हैं कि भारतीय स्कूलों में भारत के नक्शे में पाकिस्तान, अफगानिस्तान, नेपाल, भूटान, तिब्बत, बांग्लादेश, श्रीलंका और बर्मा को शामिल कर अखंड भारत के तौर पर दर्शाया जाए। युवा मस्तिष्क को इस प्रकार के बयानों से दो चार होना पड़ रहा है कि 'अखंड भारत ही सत्य है, विभाजित

भारत मिथ्या। भारत का विभाजन अप्राकृतिक है और इसे बदल कर अखंड भारत किया जा सकता है।'[10] भारत को अगर प्रमुख वैश्विक शक्ति बनने की अपनी महत्वाकांक्षा को पूरा करना है तो उसे इतिहास और अंतरराज्यीय संबंधों पर सूक्ष्म चर्चा करनी होगी जो फिलहाल गायब दिखती है।

नेहरू ने 1950 में पटेल को लिखा था कि 'इन दिनों भारत के मुसलमानों को प्रतिक्रियात्मक और दहला देने वाली सज़ा देने की लगातार मांग हो रही है। इससे मैं बिलकुल सहमत नहीं हूं। मेरा मानना है कि प्रतिक्रिया और सनसनीखेज़ दंड भारत और पाकिस्तान दोनों को बर्बाद कर देंगे।'[11] उस समय की गई यह महज़ भविष्यवाणी अब सच साबित हो रही है।

भले ही भारत और पाकिस्तान की सदियों की साझा विरासत और इतिहास है लेकिन स्कूलों में पढ़ाए जा रहे जुनूनी राष्ट्रवाद और जेहादी तथा उग्र हिंदुत्व ने पिछले 69 सालों में दोनों देशों के अवाम के बीच की साझा विरासत को कमज़ोर कर दिया है। एक सच्चाई यह भी है दोनों देशों ने वास्तविकता पर भावनाओं को अपने संबंधों में ज़्यादा महत्व दिया है। दशकों से शिकायतों और आरोपों की कई परतें संबंधों पर जम चुकी हैं। भारत पाकिस्तान से इसलिए नाराज़ है कि पाकिस्तान अंडरवर्ल्ड डॉन दाउद इब्राहीम का संरक्षण करता है जो 1993 के मुंबई धमाकों का

ज़िम्मेदार है। साथ ही पाकिस्तान हाफिज़ सईद, मसूज अज़हर और दूसरे जेहादी आतंकियों का समर्थन करता है जो भारत में आतंकी हमलों को अंजाम देते हैं। पाकिस्तान भारत पर हमेशा विद्रोही भावनाएं भड़काने और बलूचिस्तान विद्रोहियों के साथ ही कराची और ख़ैबर पख़्तूनख्वाह इलाकों के उग्रवादी समूहों को आर्थिक और दूसरी मदद करने का आरोप लगाता है।

आज़ादी के समय से ही पाकिस्तान ने अपने से काफी बड़े पड़ोसी भारत से बराबरी के अधिकार की इच्छा रखी है और कश्मीर विवाद को ही सामान्य रिश्तों की सबसे महत्वपूर्ण शर्त के तौर पर पेश किया है।

अमेरिका से छह दशकों से करीबी संबंधों के बाद अब पाकिस्तानी विश्लेषक अपनी सुरक्षा संधियों को चीन और रूस तक विस्तृत करने की आवश्यकता पर बल देते हैं जिससे भारत-अमेरिकी धुरी का सामना किया जा सके। पाकिस्तान भारत से समय-समय पर समस्याओं को सुलझाने के लिए द्विपक्षीय वार्ताएं भी करता है। साथ ही भारत को अपने वजूद के लिए खतरा भी बताता है। अस्तित्व के ऐसे दुश्मन से वार्ता का विरोधाभास सिर्फ़ अतार्किकता का उदाहरण ही कहा जा सकता है। एक दूसरी बात है इसके साथ ही बराबरी की इच्छा। अपने से आकार में बहुत बड़े पड़ोसी से सुरक्षा के प्रति सचेत रहना एक तार्किक दृष्टिकोण है किंतु उससे लगातार बराबरी की इच्छा बिलकुल सही नहीं।

भारत और पाकिस्तान के बीच समीकरण तब पूरी तरह से बदल जाने चाहिए थे जब दोनों देशों ने परमाणु हथियार बनाने की क्षमता हासिल कर ली थी। स्वैच्छिक नियंत्रण और एक दूसरे के विनाश का भरोसा सामान्यत: विवादों को विराम देता है। लेकिन यह तब नहीं होता जब विचारधारा के स्तर पर एक पक्ष किसी भी चीज़ से पहले विवादों के हल की ज़िद पाल ले। परमाणु हथियारों की क्षमता हासिल करने के बाद पाकिस्तान को भारतीय सैन्य शक्ति के विनाशकारी प्रभावों के प्रति असुरक्षित नहीं महसूस करना चाहिए। पाकिस्तान के वजूद पर खतरा अब सिर्फ़ एक मनोवैज्ञानिक-राजनैतिक और भावनात्मक अवधारणा ही रह गई है। पाकिस्तान ने पहले ही भारत से चार युद्ध किए हैं और अपना आधा भूखंड खो चुका है। यानी पूर्वी पाकिस्तान जो 1971 में बांग्लादेश बन गया।

पाकिस्तान की विचारधारा में ही एक विरोधाभास अंतर्निहित है जिसके तहत वह यह दावा करता है कि भारत का असली लक्ष्य विभाजन को फिर से समाप्त करना है जबकि भारत और पाकिस्तान के बीच संबंधों में विवाद का केंद्र बिंदु वह कश्मीर समस्या को मानता है। इस बात की कोई भी व्याख्या नहीं है कि कश्मीर समस्या अगर सुलझ गई तो वह भारत के अंतिम लक्ष्य यानी विभाजन को खत्म करने को कैसे रोकेगी। इस बात से इन्कार भी नहीं किया जा सकता

कि जम्मू-कश्मीर को लेकर पाकिस्तानियों द्वारा महसूस किए गए अन्याय के मुद्दे को निकट भविष्य में सुलझाया जा सकता है। पाकिस्तान को चीनी राष्ट्रपति जियांग ज़ेमिन की सलाह पर ध्यान देते हुए इस मुद्दे को ठंडे बस्ते में डालकर सामान्य रिश्तों और द्विपक्षीय संबंध की तरफ आगे बढ़ना होगा।

पाकिस्तान और भारत को आपसी अविश्वास को कम करने के लिए दोनों देशों की अवाम के बीच संवाद बढ़ाना होगा। इसके लिए खेल, व्यापार, और पर्यटन का सहारा लिया जाना चाहिए। यह बात और है कि पाकिस्तानी सेना अपने राजनेताओं को इस रास्ते पर चलने नहीं देती है। भारत प्रतिक्रियावाद के प्रति उतना ही आसक्त है जितना पाकिस्तान समता के प्रति जिसके तहत भारत ऐसा कुछ भी नहीं करना चाहता जो पाकिस्तान उसके लिए ना करे। वैमनस्यता मिटाने के लिए भारत की एक पक्षीय कदमों के रास्ते को भी यह अवधारणा बंद कर देती है।

तार्किक आधार पर सोचा जाए तो पाकिस्तान भारत से बराबरी की अपनी ज़िद छोड़कर अगर राष्ट्रीय सुरक्षा और आर्थिक विकास को अपना लक्ष्य बनाए तो उसका ज़्यादा फायदा होगा। पाकिस्तान अब अमेरिका पर उस तरह से भरोसा नहीं कर सकता कि वह उसके पक्ष में संतुलन बनाए रखेगा। चीन जो पाकिस्तान का हमेशा से करीबी सहयोगी रहा है वह भले ही पाकिस्तान के पक्ष में संतुलन का समर्थन करे लेकिन

यह समर्थन तब तक ही रहेगा जब तक उसका संतुलन नहीं गड़बड़ाता। अंतर्राष्ट्रीय कानूनों में हर संप्रभु राष्ट्र का दर्जा बराबर है किंतु वास्तविक वैश्विक राजनीति में दोनों देशों के आकार का अंतर बहुत महत्वपूर्ण है और इसका संज्ञान हर हाल में लेना ही होगा।

असली मायनों में पाकिस्तान भारत का उसी तरह का दुश्मन है जितना कि बेल्जियम फ्रांस या जर्मनी का दुश्मन हो सकता है। भारत की आबादी पाकिस्तान से छह गुना बड़ी है जबकि उसकी अर्थव्यवस्था पाकिस्तान से दस गुना बड़ी है। बावजूद इसके कि भारत में गरीबी और भ्रष्टाचार दोनों ही व्याप्त हैं जो पाकिस्तान में भी उतने ही मौजूद हैं। भारत की 2 ट्रिलियन डॉलर की अर्थव्यवस्था ने किसी न किसी तरह लगातार सुसंगत और बिना रुके बढ़त ही हासिल की है वहीं पाकिस्तान की 245 बिलियन डॉलर की व्यवस्था कभी-कभार उछाल मारती है। समय के साथ अर्थव्यवस्था की यह खाई बड़ी ही होती जाएगी। भारत से घृणा करने के बजाय अब पाकिस्तान को अपने हिस्से की शांति और समृद्धि पर केंद्रित होना चाहिए। भारत और चीन एक दूसरे को प्रतिद्वंद्वी मानते हैं पर उनके बीच व्यापार का आंकड़ा 72 बिलियन डॉलर का है जबकि भारत-पाकिस्तान के बीच व्यापार का आंकड़ा महज 2 बिलियन डॉलर ही है।

भारत और पाकिस्तान के बीच वैमनस्यता पूरे दक्षिण एशियाई क्षेत्र

की तरक्की का रोड़ा बनी हुई है। इस क्षेत्र में करीब एक अरब सत्तर करोड़ लोग रहते है और इसमें आठ देश हैं- अफगानिस्तान, बांग्लादेश, भूटान, भारत, मालदीव, नेपाल, पाकिस्तान और श्रीलंका। इन सभी देशों की कुल जीडीपी (बेहद सामान्य दरों पर) 2.9 ट्रिलियन डॉलर है और यह क्षेत्र दुनिया का सबसे विघटित क्षेत्र है। इन दक्षिण एशियाई देशों के व्यापार में अंतरक्षेत्रीय व्यापार का हिस्सा महज 5 फीसदी का ही है। क्षेत्र के देशों की राजधानियों के बीच बहुत कम हवाई सेवाएं हैं और सड़क और रेल मार्ग या तो हैं ही नहीं या फिर बहुत ही बुरी स्थिति में हैं।

तुलनात्मक अध्ययन में यह स्थिति आसियान देशों (असोसिएशन आफ साउथईस्ट नेशन्स) से ठीक उलट है जहां पर दस देश हैं और कुल आबादी 65 करोड़ है इन देशों की कुल जीडीपी 2.6 ट्रिलियन डॉलर है पर यहां पर उनके व्यापार का एक चौथाई यानी कुल 25 फीसदी इसी क्षेत्र से आता है। नाफ्टा यानी नॉर्थ अमेरिकन फ्री ट्रेड एग्रीमेंट जिसके तहत कनाडा, संयुक्त राज्य अमेरिका और मेक्सिको आते हैं उनका कुल व्यापार का आधा हिस्सा इसी क्षेत्र से आता है। कुछ ऐसा ही हाल यूरोपियन यूनियन का भी है।

व्यापार को खोलने और उससे होने वाले आर्थिक लाभ शायद भारतीयों और पाकिस्तानियों को अमेरिका और कनाडा की तरह एक साथ रहने, जैसा कि जिन्ना चाहते थे, के लाभ का अहसास करा सकें।

हिमालय के लगातार तेज़ी से पिघलते ग्लेशियर, पूरे उपमहाद्वीप में विकराल होता जलसंकट और सिंध राजस्थान के रेगिस्तान का एक साथ प्रबंध करना कुछ संयुक्त सहयोग और उपक्रम के क्षेत्र हो सकते हैं। भारत और पाकिस्तान के छात्र एक दूसरे के विश्वविद्यालयों में पढ़कर सीमा के दोनों तरफ के विभिन्न अध्ययन क्षेत्रों की अर्जित की गयी ताकत का फायदा उठा सकते हैं। यही सिद्धांत स्वास्थ्य सेवाओं पर भी लागू होता है जहां दोनों देश के अस्पताल अपने अपने दरवाज़े दोनों देशों के नागरिकों के लिए खोल दें। एक बार भारतीय और पाकिस्तानी एक दूसरे के साथ समय बिताना शुरू करें तो उनके बीच की समानताएं वैमनस्यता को पार कर उन्हें एक दूसरे के करीब ला सकती है। इसी तरह दुश्मनी के माहौल को खत्म किया जा सकता है।

ऐसा होने के अवसर फिलहाल तो बहुत ही कम दिखते हैं। भारत और पाकिस्तान इस समय एक दूसरे के लिए अपनी सीमाएं नहीं खोल सकते जब उन्हें संदेह है कि दोनों देश एक दूसरे को बर्बाद करना चाहते हैं। छात्र, व्यापारी, उद्योगपति, डॉक्टर, कलाकार, संगीतकार और मरीज़ों तक को इस समय दोनों देशों में एक सक्रिय जासूस और यहां तक कि आतंकी की शक भरी निगाहों से देखा जाता है। भारत-पाकिस्तान के नए संबंधों के लिए जहां पाकिस्तानियों को अपने जेहादी मंसूबे छोड़ने होंगे वहीं भारतीयों को सांप्रदायिक जुनून के दलदल से बचना होगा।

पाकिस्तान के पहले सैन्य तानाशाह शासक जनरल अयूब खान ने अपने संस्मरण में लिखा था कि भारत का हमेशा से तर्क रहता है कि 'चलिए अपने झगड़े भुलाते हैं, हम युद्ध न करने की संधि करते हैं, ज़्यादा व्यापार करते हैं, दोनों देशों की सीमाओं में ज़्यादा घूमने की स्वतंत्रता देते हैं, सांस्कृतिक संवाद और सांस्कृतिक आदान-प्रदान बढ़ाते हैं। इससे दोनों पक्षों की भावनाओं में सकारात्मक बदलाव आएंगे और ऐसा करते-करते जब सद्भावना का माहौल बनेगा तो समझ भी बढ़ेगी और सारे विवाद सुलझाए जा सकेंगे।' जनरल अयूब ने पाकिस्तान की तरफ से स्थिति स्पष्ट करते हुए पूछा कि 'मूलभूत मतभेदों और विवादों को बिना सुलझाए सद्भावना और एक दूसरे की समझ किस तरह से विकसित हो सकती है?'

दरअसल भारत जहां हर तरफ से अपनी राष्ट्रीय शक्ति का इजाफा कर रहा है वहीं पाकिस्तान उससे सिर्फ़ परमाणु हथियार बनाने और उसके प्रक्षेपण में बराबरी की टक्कर दे पाया है। पाकिस्तानियों को अक्सर दोनों देशों को लगातार बढ़ रही शिक्षा, वैज्ञानिक आविष्कारों और नई ईजादों के फासले के बारे में बताया ही नहीं जाता। पाकिस्तान पूरी शिद्दत और ताकत से संयुक्त राष्ट्र सुरक्षा परिषद में भारत की स्थायी सदस्यता और न्यूक्लियर सप्लायर ग्रुप में उसकी सदस्यता का विरोध करता है। पाकिस्तान वास्तविकता में अपने लिए इन दोनों में कुछ भी

हासिल नहीं कर सकता पर उसका सारा ज़ोर यह रहता है कि भारत को भी यह दोनों मुकाम हासिल न हों।

भारत से लगातार प्रतिद्वंद्विता करने की राष्ट्रीय सनक को हवा देने के बजाए पाकिस्तान को अपना ध्यान अपने लोकतंत्र की मज़बूती, आतंकवाद के निवारण, अपनी आधारभूत संरचना सुधारने और अपनी अर्थव्यवस्था के आधुनिकीकरण पर केंद्रित करना चाहिए। लेकिन भारत से प्रतिद्वंद्विता को पाकिस्तान में लगातार खाद पानी दिया जाता है, कभी-कभी तो सनक की हद तक। एडिलेड में क्रिकेट विश्वकप 2015 में हुए भारत पाकिस्तान मैच की पूर्व संध्या पर पाकिस्तानी सेना के प्रवक्ता ले. जनरल असिम बाजवा ने ट्वीट किया, 'पूरा देश हमारी टीम के शानदार प्रदर्शन के पीछे खड़ा है। टीम और देश दोनों का आत्मविश्वास और भावनाएं आसमान छू रही हैं।' जनरल ने क्रिक्रेट के प्रशंसक या फिर क्रिकेट देखने वालों के सामान्य लोगों की तरह ट्वीट नहीं किया था क्योंकि विश्वकप के किसी भी अन्य मैच के लिए उन्होंने कुछ भी नहीं कहा था पर पाकिस्तान के भारत से मुकाबले में खुद को रोक न सके।

भारतीय भी इस तरह के किसी भी मुकाबले को चरम तक ले जाते हैं जबकि यह सच्चाई है कि वहां तो भारतीय सेना भी इस तरह की भावनाओं को प्रोत्साहित करने के लिए बिलकुल भी केंद्रीय भूमिका नहीं निभाती जैसा कि पाकिस्तान में होता है।

2014 में क्रिकेट मैच के दौरान पाकिस्तानी टीम का पक्ष लेने के लिए दो भारतीयों को मेरठ और अलीगढ़ में गिरफ्तार कर लिया गया था। अक्टूबर में दक्षिणपंथी हिंदू राष्ट्रवादियों ने एक भारतीय चिंतक के मुंह पर स्याही फेंक दी थी जब उन्होंने पाकिस्तानी विदेश मंत्री की किताब के विमोचन के लिए मुंबई में एक आयोजन करने की हिमाकत की थी। उसी महीने पाकिस्तानी गज़ल गायक गुलाम अली के कई कार्यक्रमों को रद्द करना पड़ा क्योंकि इसी अतिवादी समूह ने धमकी दी कि यह गायक उसी 'देश का है जो भारतीयों पर गोलियां चलाता है।'[12] भारत के फायरब्रांड मुस्लिम नेता असदुद्दीन ओवैसी को आजकल भारतीय मीडिया 'नया जिन्ना' कह रहा है क्योंकि वह हिंदू-मुस्लिम रिश्तों को लेकर आग उगल रहे हैं। पाकिस्तान की तरह ही भारतीय भी अपने नेताओं की वजह से त्रस्त हैं जो यह बताते हैं कि 60 करोड़ मुस्लिम जो भारत, पाकिस्तान और बांग्लादेश में रहते हैं वो सभी दुश्मन हैं। दरअसल यह कभी न खत्म होने वाली एक अवास्तविक प्रतिद्वंद्विता को जन्म देता है।

भारत-पाकिस्तान संबंध दरअसल दो समानांतर और प्रतिस्पर्धी राष्ट्रवाद के शिकार रहे हैं। सैन्य शासन के प्रभाव में पाकिस्तानी राष्ट्रवाद का विकास भारत विरोधी विचारधारा के तौर पर ही हुआ है। पाकिस्तान के नामी विचारक खालिद अहमद के मुताबिक, 'पाकिस्तानी राष्ट्रवाद, 95 फीसदी भारत से नफरत से बना है। वे इसे इस्लाम कहते हैं। क्योंकि यही

एक तरीका है जिससे हमने अपने आप को भारत से अलग वजूद के तौर पर पहचाना है।' वहीं भारतीय राष्ट्रवाद पाकिस्तान के वजूद को घोर सांप्रदायिक बताने पर आमादा है और लगातार द्विराष्ट्र सिद्धांत पर विवाद खड़ा करने की फिराक में शिद्दत से लगा दिखता है। इस परिभाषा से पाकिस्तान खुद को आत्मविश्वास से लबरेज़ और गरिमामय बनाने की जगह रक्षात्मक और शर्मसार देश के तौर पर स्थापित कर रहा है।

जब पाकिस्तानी अपने झंडे के नीचे खड़े होते हैं तो उन्हें द्विराष्ट्र सिद्धांत की रक्षा करनी होती है अगर वह भारतीयों के निशाने पर हो या फिर जब वह विचारधारा से इतर व्यावहारिक राष्ट्रवाद को अपनाने की कोशिश में हो। भारतीय पाकिस्तानी राष्ट्रवाद में भारत विरोधी विचारधारा को कमज़ोर करने में ज्यादा सक्षम दिखते हैं क्योंकि उनके पास वाजपेयी द्वारा एक आवाज़ में पाकिस्तानी वजूद को स्वीकारने की मिसाल है जो उन्होंने लाहौर के मीनार-ए-पाकिस्तान पर पेश की थी। इक्कीसवीं सदी में द्विराष्ट्र सिद्धांत की प्रासंगिकता पर बहस उन पाकिस्तानियों के लिए छोड़ देनी चाहिए जो इस कटु सत्य को कभी नहीं भुला सकते।

पाकिस्तानी शायरा फहमीदा रियाज़ ने अपनी कविता 'तुम बिलकुल हम जैसे निकले' में उन भावनाओं को ज़ाहिर किया है जिसमें पाकिस्तान के धार्मिक जुनून और उन्माद से पाकिस्तान को बाहर निकालने के लिए कोशिश कर रहे धर्मनिरपेक्ष पाकिस्तानियों का दृष्टिकोण है जिसमें वे

भारत को पाकिस्तान जैसा बनता देख रहे हैं। कविता कुछ इस तरह है:

तुम बिलकुल हम जैसे निकले
अब तक कहां छुपे थे भाई
वो मूरखता वो घामड़पन
जिसमें हमने सदी गंवाई
आखिर पहुंची द्वार तुम्हारे
अरे बधाई बहुत बधाई
प्रेत धरम का नाच रहा है
कायम हिंदू राज करोगे?
सारे उलटे काज करोगे
अपना चमन दराज़ करोगे
तुम भी बैठे करोगे सोचा
पूरी है वैसी तैयारी
कौन है हिंदू कौन नहीं है
तुम भी करोगे फतवे जारी
होगा कठिन यहां भी जीना
रातों आ जाएगा पसीना
जैसी तैसी कटा करेगी
यहां भी सबकी सांस घुटेगी
कल दुःख से सोचा करती थी
सोच के बहुत हंसी आज आई
तुम बिलकुल हम जैसे निकले
हम दो क़ौम नहीं थे भाई!
भाड़ में जाए शिक्षा-विक्षा
अब जाहिलपन के गुण गाना
आगे गड्ढा है ये मत देखो
वापस लाओ गया ज़माना
मश्क करो तुम आ जाएगा
उलटे पांव चलते जाना
ध्यान न मन में दूजा आए
बस पीछे ही नज़र जमाना
एक जाप सा करते जाओ
बारम-बार यही दोहराओ
कितना वीर महान था भारत
कैसा आलीशान था भारत
फिर तुमलोग पहुंच जाओगे
बस परलोक पहुंच जाओगे
हम तो हैं पहले से वहां पर
तुम भी समय निकालते रहना
अब जिस नरक में जाओ वहां से
चिट्ठी-विट्ठी डालते रहना।

नोट्स

1. 'हम या तो पक्के दोस्त बन सकते हैं या फिर जानी दुश्मन'

1. विदेश विभाग के मुताबिक मार्च 22, 1948.845F.00/3-2247 को कराची दूतावास से विदेश विभाग को भेजा गया, डेनिक कुक्स, *डिसएनचैंटेड अलाइज़: द यूनाइटेड स्टेट्स एंड पाकिस्तान, 1947–2000,* बाल्टीमोर, जॉन हॉपकिंस यूनिवर्सिटी प्रेस, 2001, पृ.25।
2. स्टेनली वॉलपोर्ट, *जिन्ना ऑफ पाकिस्तान,* न्यूयॉर्क, ऑक्सफोर्ड यूनिवर्सिटी प्रेस, 1984, पृ.7।
3. वही।
4. राजमोहन गांधी, *राजाजी: अ लाइफ,* नई दिल्ली, पेंगुइन, पृ. 247-49।
5. मुहम्मद अली जिन्ना द्वारा 11 अगस्त 1947 को पाकिस्तान की संसद में कराची में दिए गए भाषण का अंश।
6. आई.एस. जेहू, द *इंडियन एंड पाकिस्तान ईयर बुक 1948,* वॉल्युम 34, बंबई, बेनेट कोलमैन, पृ. 945। केबी सईद के पूर्वोक्त पृ. 175 पर ज़िक्र।
7. द *स्टेट्समैन,* दिल्ली, 14 जून 1947।
8. पॉल आर. ब्रास, 'द पार्टिशन ऑफ इंडिया एंड रिट्रिब्यूटिव जेनोसाइड इन द पंजाब, 1946-47: मीन्स, मेथड्स एंड परपज़ेज़',

द जर्नल ऑफ जेनोसाइड रिसर्च 5(1), 2003, पृ.75;, प्रशांत भारद्वाज, असीम ख्वाजा और आतिफ मियां, 'द बिग मार्च: माइग्रेटरी फ्लोज़ आफ्टर द पार्टिशन ऑफ इंडिया', इकोनॉमिक एंड पोलिटिकल वीकली, 30 अगस्त 2008।

9. अलीगढ़ विश्वविद्यालय में 24 जनवरी 1948 को जवाहर लाल नेहरू का भाषण *जवाहरलाल नेहरू स्पीचेज़,* सितंबर 1946–मई1949, खंड 1, नई दिल्ली, पब्लिकेशन डिवीज़न, सूचना एवं प्रसारण मंत्रालय, पृ.337-39।

10. रामचंद्र गुहा, *इंडिया आफ्टर गांधी: द हिस्ट्री ऑफ द वर्ल्ड्स लार्जेस्ट डेमोक्रेसी,* नई दिल्ली, पैन मैकमिलन, 2011, पृ.xiii.

11. 5 मई 1948 को *डॉन* की खबर 'पाकिस्तान्स मैसेज टू द वर्ल्ड इज इक्वलिटी, फ्रेटर्निटी एंड जस्टिस, सेज़ लियाक़त अली'।

12. खान अब्दुल गफ्फार खान और के.बी. नारंग, *माई लाइफ एंड स्ट्रगल: ऑटोबायोग्राफी ऑफ बादशाह खान,* हिंद पॉकिट बुक्स, 1969।

13. ज़ी.एम. सईद, द *केस फॉर सिंध: जी.एम. सईद्स डिपोज़ीशन फॉर द कोर्ट,* कराची, नईम सिंध अकादमी, 1993।

14. ओ.एच.के. स्पेट, 'द पार्टिशन ऑफ इंडिया एंड द प्रॉस्पेक्ट ऑफ पाकिस्तान', *जियोग्राफिकल* रिव्यू 38(1), 1948 टेबल III 'एरिया एंड पोपुलेशन ऑफ इंडिया एंड पाकिस्तान, 1941', पृ.17।

15. आयशा जलाल, द *स्टेट ऑफ मार्शल रूल,* पृ.42।

16. 10 अप्रैल 1948 का *डॉन,* लेख 'लियाक़त आस्क्स आर्मी फॉर

सोशल सर्विसेज़ एंड सैक्रिफाइसेज़'।

17. मुहम्मद अयूब ख़ान, *फ्रेंड्स नॉट मास्टर्स: अ पोलिटिकल बायोग्राफी,* कराची, ऑक्सफोर्ड यूनिवर्सिटी प्रेस 1967, पृ.172।

18. वही, पृ.183।

19. मारग्रेट बर्क-व्हाइट, *हाफवे टू फ्रीडम,* न्यूयॉर्क, सिमोन एंड शुसर, 1949, पृ.99।

20. हुसैन शहीद सुहरावर्दी, कन्स्टीटुएंट असेंबली रेकॉर्ड्स (लेजिस्लेचर), 2 मार्च 1948, पृ.136।

21. होमर ए. जैक, द *गांधी रीडर,* ब्लूमिंगटन, इंडियाना यूनिवर्सिटी प्रेस 1956, पृ.454-56।

22. वज़ीरा फजाली याकूबाली जमींदार, द *लॉन्ग पार्टीशन एंड द मेकिंग ऑफ मॉडर्न साउथ एशिया: रिफ्यूजीज़, बाउंड्रीज़, हिस्ट्रीज़,* न्यूयॉर्क, कोलंबिया यूनिवर्सिटी प्रेस, 2007, पृ.181-183।

23. वही, पृ.177।

24. 28 अक्टूबर 1958 का जनरल अयूब के बारे में कॉमनवेल्थ मामलों के अंडर सेक्रेट्री सर गिलबर्ट लैथवेट का नोट, द *ब्रिटिश पेपर्स 1958-69,* कराची, ऑक्सफोर्ड यूनिवर्सिटी प्रेस 2002, पृ.47-48।

25. हरबर्ट फेल्डमैन, *फ्रॉम क्राइसिस टू क्राइसिस: पाकिस्तान, 1962-69,* लंदन, ऑक्सफोर्ड यूनिवर्सिटी प्रेस 1972, पृ.146।

26. *जवाहर लाल नेहरू स्पीचेज़,* खंड 2, पृ.446।

27. रामचंद्र गुहा, *इंडिया आफ्टर गांधी, इंडिया आफ्टर गांधी:* द हिस्ट्री

ऑफ द वर्ल्ड्स लार्जेस्ट डेमोक्रेसी, न्यूयॉर्क, ऑक्सफोर्ड यूनिवर्सिटी प्रेस, 2003, पृ.400।

28. राष्ट्रपति अयूब खान का देश के प्रति 6 सितंबर 1965 का संबोधन, रईस अहमद जाफरी (संपा.), *अयूब: सोल्जर एंड स्टेट्समैन*, कराची, नईम सिंध अकादमी, 1966, पृ.138-39।

29. अब्दुर्रहमान सिद्दीकी, द *मिलिटरी इन पाकिस्तान*, पृ.107।

30. ज़ुल्फिकार अली भुट्टो, इफ आई एम असेसिनेटेड, नई दिल्ली, विकास पब्लिशिंग हाउस, 1979, पृ.130।

2. 'पाकिस्तान के गले की नस है कश्मीर'

1. एम.एम.आर. खान, *यूनाइटेड नेशंस एंड कश्मीर*, पृ.62। ये अब भी प्रासंगिक है क्योंकि खान की किताब के प्रकाशन के समय यानी 1955 से अब तक पाकिस्तान की नीति में ज़रा भी बदलाव नहीं आया है।

2. पाकिस्तानी संसद में दिया गया राष्ट्रपति जियांग झेमिन का उद्बोधन, 'कैरिंग फॉरवर्ड फ्रेंडली एंड नेबरली रिलेशंस फ्रॉम जेनेरेशन टू जेनेरेशन, एंड वर्किंग टुगेदर फॉर अ बेटर टुमॉरो', 6 दिसंबर 1996। लिंक देखें

http://karachi.china-nsulate.org/eng/zbgx/t263901.htm

3. रामचंद्र गुहा, *इंडिया आफ्टर गांधी, इंडिया आफ्टर गांधी: द हिस्ट्री ऑफ द वर्ल्ड्स लार्जेस्ट डेमोक्रेसी*, न्यूयॉर्क, ऑक्सफोर्ड यूनिवर्सिटी

प्रेस, 2003, पृ.56-57।

4. निकोलस मैन्सर्ग आदि (संपा.), द *ट्रांस्फर ऑफ पावर 1942-7: कॉन्स्टीट्यूशनल रिलेशंस बिटवीन ब्रिटेन एंड इंडिया,* लंदन, एच.एम. स्टेशनरी ऑफिस, 1983, खंड-12, पृ.121।
5. रामचंद्र गुहा, *इंडिया आफ्टर गांधी, इंडिया आफ्टर गांधी: द हिस्ट्री ऑफ द वल्ड्‌र्स लार्जेस्ट डेमोक्रेसी,* न्यूयॉर्क, ऑक्सफोर्ड यूनिवर्सिटी प्रेस, 2003, पृ.78-83।
6. 'मेमोरेंडम ऑफ अ कन्वर्सेशन बिटवीन प्रेसीडेंट आइजनहावर एंड प्रेसिडेंट अयूब खान, कराची, दिसंबर 8, 1959, 9 ए.एम.', *एफआरयूस,* 1958-60, खंड 15, पृ.781-92।
7. वाई.डी. गुंडेविया, *आउटसाइड द आर्काइव्स,* पुणे, संगम बुक्स, 1984, पृ.306।
8. अल्ताफ गौहर, 'फोर वार्स, वन अजंप्शन', द *नेशन,* 5 सितंबर, 1999।
9. अल्ताफ गौहर, *अयूब खान: पाकिस्तान्स फर्स्ट मिलिटरी रूलर,* कराची, ऑक्सफोर्ड यूनिवर्सिटी प्रेस 1996, पृ.328।
10. लिंकन पी. ब्लूमफील्ड, 'पीस लेसन्स', 13 जून 2002, *क्रिश्चियन साइंस मॉनिटर।*
11. हिलेरी क्लिंटन, *हार्ड चाइसेज़,* न्यूयॉर्क, सिमोन एंड शुसर, 2014, पृ.421।
12. परवेज़ मुशर्रफ़, *इन द लाइन ऑफ फायर: अ मेमोयर,* न्यूयॉर्क, फ्री प्रेस, 2006, पृ.299-301।

13. पाकिस्तान में अमेरिकी दूतावास की तरफ से विदेश मंत्रालय को 22 जून 1972 को भेजे गए टेलीग्राम के अंश, फॉरेन रिलेशंस ऑफ द यूनाइटेड स्टेट्स, 1969—1976, खंड ई—7, डॉक्यूमेंट्स ऑन साउथ एशिया, 1969—1972।
14. वही।

3. 'हमें परमाणु बम का इस्तेमाल करना चाहिए'

1. पीटर लैंड्समैन, 'अ मॉडेस्ट प्रोपोज़ल फ्रॉम द ब्रिगेडियर: व्हाट वन प्रोमिनेंट पाकिस्तानी थिंक्स हिज़ कंट्री शुड डू विद इट्स एटॉमिक वेपन्स', द *अटलांटिक,* मार्च 2002।
2. 'न्यूक्लियर आर्सेनल इज़ फॉर द डिफेंस ऑफ पाकिस्तान', द *न्यूज़,* 3 मार्च 2016।
3. फिरोज़ हसन खान, *ईटिंग ग्रास: द मेकिंग ऑफ द पाकिस्तानी बॉम्ब,* स्टैनफोर्ड यूनिवर्सिटी प्रेस 2012, पृ.2-3।
4. अब्दुल क़दीर खान, 'माई न्यूक्लियर मेनिफेस्टो', न्यूज़वीक, 16 मई 2011।
5. टिम मैकग्रिक और सैयद तलत हुसैन, 'पाकिस्तान्स अब्दुल क़दीर खान', *टाइम,* 30 नवंबर 1998।
6. विलियम लैंगविशे, 'द रैथ ऑफ खान', द *अटलांटिक,* नवंबर 2005।
7. 'पाकिस्तान कैन वाइप आउट इंडिया इन फ्यू सेकेंड्स, सेज़ डॉ.

समर मुबारकमंद' 92 न्यूज़, 3 सितंबर 2015। http://92newshd.tv/pakistan-can-wipe-out-india-in-few-seconds-says-dr-samar-mubarak/

8. मरियाना बाबर, 'यूरोपियन बिज़नेसमेन सोल्ड न्यूक्लियर टेक्नोलॉजी टू पाकिस्तान', द *न्यूज़,* 11 अप्रैल 2016।

9. फिरोज़ हसन खान, *ईटिंग ग्रास: द मेकिंग ऑफ द पाकिस्तानी बॉम्ब,* स्टैनफोर्ड यूनिवर्सिटी प्रेस 2012, पृ.5-6.

10. जॉन वार्ड एंडरसन, 'पाकिस्तान सेट्स ऑफ न्यूक्लियर ब्लास्ट्स: टुडे वी हैव सेटल्ड अ स्कोर, प्रीमियर सेज़', *वाशिंगटन पोस्ट,* 29 मई 1998।

11. एक्जीक्यूटिव समरी, 'फ्रॉम सरप्राइज़ टू रिकनिंग: कारगिल कमिटि रिपोर्ट', जुलाई 1999।

12. ब्रूस रिडेल, 'अमेरिकन डिप्लोमेसी एंड द 1999 कारगिल समिट एट ब्लेयर हाउस', सेंटर फॉर द एडवांस्ड स्टडी ऑफ इंडिया, यूनिवर्सिटी ऑफ पेंसिलवेनिया, 2002।

13. वाल्टर लैडविग, 'अ कोल्ड स्टार्ट फॉर हॉट वार्स? द इंडियन आर्मीज़ न्यू लिमिटेड वार डॉक्ट्रिन', *इंटरनेशनल सेक्योरिटी* 32(3): पृ.158-90।

14. 'यूएस एंबैसी केबल्स: इंडिया "अनलाइकली" टू डिप्लॉय कोल्ड स्टार्ट अगेन्स्ट पाकिस्तान', *गार्डियन,* 30 नवंबर 2010।

15. परवेज हूदभाय, 'इज़ थर्ड लार्जेस्ट लार्ज इनफ?' *डॉन,* 29 अगस्त 2015।

4. अस्थायी युद्ध जैसा ही है आतंकवाद

1. '10 टेररिस्ट्स हैव एंटर्ड गुजरात: पाकिस्तान्स एनएसए', *टाइम्स ऑफ इंडिया,* 6 मार्च, 2016।
2. 'रेड्स अक्रॉस गुजरात, अलर्ट नेशनवाइड आफ्टर इन्टेलीजेंस इनपुट आन पॉसिबल टेररिस्ट अटैक', *इंडियन एक्सप्रेस,* 7 मार्च 2016।
3. प्रवीण स्वामी , 'पाकिस्तान्स एनएसए वार्न्ड अजित डोवाल ऑफ 26/11-टाइप हिट ऑन महाशिवरात्रि', *इंडियन एक्सप्रेस,* 7 मार्च 2016।
4. 'पठानकोट अटैक: पाकिस्तान वांट्स मोर लीड्स फ्राम इंडिया, प्रोब हिट्स डेड एंड', *प्रेस ट्रस्ट ऑफ इंडिया,* लाहौर, 1 फरवरी 2016।
5. मियां अबरार, 'जेआईटी रिपोर्ट पोक्स होल्स इन इंडियाज़ पठानकोट थ्योरीज़', *पाकिस्तान टुडे,* 4 अप्रैल 2016।
6. 'पठानकोट प्रोब: पाकिस्तान जेआईटी डिडंट कॉन्ट्राडिक्ट एनआईए एविडेंस से इंडियन ऑफीशियल्स', *इंडो एशियन न्यूज़ सर्विस,* 28 मार्च 2016।
7. प्रवीण स्वामी, 'पाकिस्तान्स एनएसए वार्न्ड अजित डोवाल ऑफ 26/11-टाइप हिट आन महाशिवरात्रि', *इंडियन एक्सप्रेस,* 7 मार्च 2016।

8. इंडियन फैटेलिटिज़, 1994–2016, साउथ एशियन टेरेरिज़्म पोर्टल, 3 अप्रैल 2016 को देखे गए।
9. फैटेलिटीज़ इन टेररिस्ट वायलेंस इन जम्मू एंड कश्मीर, 1988–2016, साउथ एशियन टेरेरिज़्म पोर्टल, 3 अप्रैल 2016 को देखे गए।
10. साउथ एशियम टेरेरिज़्म पोर्टल http://www.satp.org/
11. सेक्टेरियन वायलेंस इन पाकिस्तान, 1989–2016, साउथ एशियन टेरेरिज़्म पोर्टल, 3 अप्रैल 2016 को देखे गए।
12. एम. अयूब खान, एशियन रिव्यू, जुलाई 1958, पृ.225।
13. असलम सिद्दीकी, *पाकिस्तान सीक्स सिक्योरिटी,* लाहौर, लांगमैन एंड ग्रीन्स, 1960, पृ.67।
14. असलम सिद्दीकी, *पाकिस्तान सीक्स सिक्योरिटी,* लाहौर, लांगमैन एंड ग्रीन्स, 1960, पृ.67।
15. मुहम्मद यूसुफ और मार्क एडकिन, *अफगानिस्तान: द बियर ट्रैप: द डिफीट आफ ए सुपरपावर,* न्यूयार्क: केसमेट 2001; स्टीव कोल, *घोस्ट वार्स: द सिक्रेट हिस्ट्री आफ द सीआईए, अफगानिस्तान एंड बिन लादेन, फ्रॉम सोवियत इनवेज़न टु सेप्टेंबर 10, 2001,* न्यूयार्क, पेंगुइन बुक्स, 2004।
16. भारतीय आम चुनाव पर सांख्यकीय रिपोर्ट, जम्मू-कश्मीर के विधानसभा के प्रति, भारतीय चुनाव आयोग की वेबसाइट http://eci.nic.in/eci_main/StatisticalReports/SE_1987

/StatisticalReport_jk_87.pdf

17. मेजर जनरल अमीन खान बुर्की, लेफ्टिनेंट कर्नल जावेद हसन की किताब *इंडिया: अ स्टडी इन प्रोफाइल* के फॉरवर्ड में, पृ. ii, रावलपिंडी, सर्विसेज़ बुक क्लब, 1990।

18. वही, पृ.111।

19. वही, पृ.139।

20. सेक्रेटरी आफ स्टेट जेम्स ए बेकर III का प्रधानमंत्री नवाज़ शरीफ़ को लिखा पत्र, 10 मई 1992।

21. प्रधानमंत्री नवाज़ शरीफ़ का सेक्रेटरी ऑफ स्टेट जेम्स बेकर को लिखा पत्रोत्तर, 20 जून 1992।

22. भारतीय रिसर्च एनालिसिस विंग, रॉ, पर पाकिस्तानी आईएसआई विवरण पत्र, अक्टूबर 1992।

23. 'ड्यूप्लीसीट्स, ए जेंटलर वे टु डिस्क्राइब आईएसआई: पूर्व सीआईए प्रमुख', *प्रेस ट्रस्ट ऑफ इंडिया,* 24 फरवरी 2016।

5. घट रही है दोस्ती की गुंजाइश

1 माइकल टी कॉफ़मैन, 'पाकिस्तान्स इस्लामिक रिवाइवल अफेक्ट्स ऑल आस्पेक्ट्स ऑफ लाइफ', *न्यूयॉर्क टाइम्स,* 13 अक्तूबर 1980।

2 वहीद-उज़-ज़मां, द *क्वेस्ट फार आइडेंटिटी (प्रोसीडिंग्स ऑफ द फर्स्ट कांग्रेस ऑन द हिस्ट्री एंड कल्चर ऑफ पाकिस्तान, अप्रैल 1973)* इस्लामाबाद, यूनिवर्सिटी ऑफ इस्लामाबाद प्रेस, 1974, पृ.i।

3 ज़ुल्फिकार अली भुट्टो द्वारा संरा सुरक्षा परिषद में 22 सितंबर 1965 को दिया गया भाषण. http://www.bhutto.org/1957-1965_speech21.php.

4 माइकेल ब्रेकर, *इंडिया एंड वर्ल्ड पॉलिटिक्स: कृष्ण मेनन्स व्यू ऑफ द वर्ल्ड*, न्यूयॉर्क, ऑक्सफोर्ड यूनिवर्सिटी प्रेस, 1968, पृ. 170-171।

5 जे.एन. दीक्षित, *इंडिया-पाकिस्तान इन वार एंड पीस*, लंदन, रुटलेज पब्लिशर्स, 2002, पृ.2।

6 के.के. अज़ीज़, द *मर्डर ऑफ हिस्ट्री इन पाकिस्तान*, लाहौर, वैनगार्ड बुक्स, 1993, पृ.1।

7 वही, पृ.188-205।

8 वही, पृ.227।

9 फरहनाज़ इस्पाहनी, *प्यूरीफाइंग द लैंड ऑफ प्योर*, नई दिल्ली, हार्पर कोलिंस इंडिया, 2016।

10 दर्शन देसाई, 'ऐज़ पर गुजरात स्कूल टेक्स्टबुक्स जापान न्यूक्ड यूएस', *इंडिया टुडे*, 17 जून 2014।

11 नेहरू टू पटेल, 20 फरवरी 1950, एसपीसी, खंड 10, पृ.5। रामचंद्र गुहा, *इंडिया आफ्टर गांधी:द हिस्ट्री आफ द वल्ड्र्स लार्जेस्ट डेमोक्रेसी*, में उद्धृत, न्यूयॉर्क, ऑक्सफोर्ड यूनिवर्सिटी प्रेस, 2003,पृ.241।

12 आलोक देशपांडे, 'गुलाम अली कन्सर्ट काल्ड ऑफ आफ्टर शिवसेना थ्रेट्स', *दि हिंदू*, 8 अक्टूबर 2015।

लेखक परिचय

संयुक्त राज्य में पाकिस्तान के पूर्व राजदूत हुसैन हक़्क़ानी एक पत्रकार और एक अकादमिक भी हैं और वे बेनज़ीर भुट्टो समेत चार पाकिस्तानी प्रधानमंत्रियों के सलाहक़ार रहे हैं। उन्होंने दो किताबें *पाकिस्तान: बिटवीन मॉस्क एंड मिलिटरी* और *मैग्निफिशंट डेल्युज़न्स: यूएस, पाकिस्तान एंड एन एपिक हिस्ट्री ऑफ मिसअंडरस्टैंडिंग* लिखी हैं। फिलहाल वे वाशिंगटन डीसी में हडसन इंस्टीट्यूट में साउथ एंड सेंट्रल एशिया के निदेशक हैं।

अनुवादक परिचय

गाज़ीपुर, उत्तर प्रदेश में जन्मे सुशील चंद्र तिवारी ने दैनिक भास्कर, दैनिक जागरण और आजतक जैसे मीडिया संस्थानों में काम किया है। फिलहाल स्वतंत्र पत्रकारिता, लेखन और अनुवाद कर रहे हैं।